...darf ich bitten?

Mein Hund als *Tanz*Partner
Dogdancing - die faszinierende Sportart
mit dem Hund

Viviane Theby & Michaela Hares

KYNOS VERLAG

© 2001 KYNOS VERLAG
Dr. Dieter Fleig GmbH
Am Remelsbach 30
D-54570 Mürlenbach/Eifel
Telefon: 06594/653
Telefax: 06594/452
Internet: http://www.kynos-verlag.de

Titelbild: Viviane Theby
Foto Seite 10: Jutta Hayer
Alle übrigen Fotos: Viviane Theby
Zeichnungen: Silke Bergener
Rücktitel: Viviane Theby

Gesamtherstellung: Dr. Cantz'sche Druckerei, 73760 Ostfildern/Ruit

ISBN 3-933228-40-9

INHALTSVERZEICHNIS

Inhaltsverzeichnis

EINLEITUNG

Die Autoren stellen sich vor
Hallo, mein Name ist Viviane Theby. Ich bin Tierärztin mit Zusatzbezeichnung Verhaltenstherapie. Nebenher betreibe ich mit Michaela eine Tierakademie mit Schwerpunkt Hundeausbildung. Unser Ziel ist es, den Hundebesitzern - möglichst von Anfang an – beizubringen, wie man Hunde artgerecht ausbildet. Wir wollen den Leuten auch zeigen, dass Hundeausbildung Spaß macht! Das gilt dann übrigens auch für den Hund! Die Leute erzählen immer wie-der, wie sehr die Hunde sich freuen, wenn sie in unsere Straße einbiegen. So sollte es sein! Mit diesem Buch leisten wir hoffentlich einen weiteren Beitrag in diese Richtung.

Außerdem muss ich in der Praxis immer wieder feststellen, dass ein großer Teil an Verhaltensproblemen eine Unterforderung der Hunde als Mit-Ursache hat. Das muss nicht sein, denn man kann Hunde so leicht fordern, indem man ihnen eine Menge beibringt. Sie können weit mehr ler-

Die Autorinnen: links Viviane Theby mit Fratz, rechts Michaela Hares mit Silas.

nen, als die wenigen Kommandos wie SITZ, PLATZ, KOMM, BEI FUSS, worauf sich das normale Hunde-Wissen oft beschränkt. Dafür wollen wir in diesem Buch Anregungen geben. Also selbst wenn jemand nicht an Dogdancing in Perfektion interessiert ist, wird er viele Anregungen finden, was er dem Hund alles beibringen kann; und das auf eine Art und Weise, die nicht nur Hund und Mensch Spaß macht, sondern außerdem noch eine Menge erwünschter »Nebenwirkungen« hat. So wird der Hund in seinem ganzen Wesen gefordert und auch gefördert und die Verständigung in dem Mensch-Hund-Team steigt mit jedem (Tanz-)Schritt.

Hallo, ich bin Michaela Hares. Neben meiner Arbeit in der Tierakademie bin ich Erzieherin und arbeite im Kindergarten. Mit meinem Border Collie Rüden Silas betreibe ich Rettungshundearbeit und nebenbei Agility und Obedience. Dadurch kam ich auch zum Dogdancing. Eigentlich begann es mit der Schnapsidee, einen Tanz mit dem Hund an Karneval aufzuführen. Meinem Hund und mir machte es sehr viel Spaß, Kunststücke zu lernen und diese dann zu einer Choreographie zusammenzusetzen. Die Zuschauer waren begeistert und sind es immer wieder. Seitdem bieten wir Kurse in dieser Sportart an und geben unsere Erfahrungen gerne an interessierte Hundehalter weiter.

Warum tanzen mit dem Hund?

Mit dem Hund tanzen – oder Dogdancing oder Freestyle obedience, wie es in anderen Ländern genannt wird -

Fratz bei der Arbeit.

ist eine sehr sinnvolle Art, sich mit dem Hund zu befassen. Es macht nicht nur sehr viel Spaß, sondern hat viele erwünschte Nebenwirkungen:

Der Hund wird körperlich und geistig gefordert.

Gerade heutzutage sind viele Hunde nicht mehr ausgelastet. Denn die meisten sind sozusagen arbeitslos! Ursprünglich wurden die meisten Rassen für eine bestimmte Arbeit gezüchtet. Diese Arbeit liegt ihnen dann sozusagen im Blut, kann aber meist nicht ausgeführt werden. Nun ist es dann Aufgabe des Hundebesitzers für Ersatz zu sorgen. Wenn der das nicht macht, sucht der Hund sich selber etwas. Denn wer ist schon gerne arbeitslos? Daraus entstehen dann oft Probleme, die, wenn die Hunde Glück haben, in der verhaltenstherapeutischen Praxis landen, häufiger aber im Tierheim, wenn nicht sogar beim Tierarzt für die letzte Spritze. Mit Hunden tanzen ist eine Beschäftigungsform, die für die Hunde zum neuen Beruf werden kann. Wir machen also eine Umschulung. Aus Schafhütern, Läufern, Jägern usw. werden Tänzer.

Optimal ist diese Art der geistigen Förderung auch, wenn der Hund - einer Verletzung wegen - eine Zeit lang nicht rennen darf. Die Kopfarbeit beim Erlernen der Figuren kann vorübergehend ein ganz guter Ausgleich sein.

Die Bindung zum Hundeführer wird gestärkt.

Durch die Beschäftigung mit dem Hund und die gemeinsame Bewältigung von Problemen (nämlich: Wie lernen wir nun diese Figur?) wächst die Verständigung untereinander. Durch die Ausbildung über positive Verstärkung bieten Sie mit den Übungen Ihrem Hund etwas, was ihm wirklich Spaß macht. Daher wird er sich mehr und mehr nach Ihnen orientieren. Denn mit Ihnen erlebt er tolle Dinge.

Mit dem Hund tanzen ist gut für die Figur.

Damit ist jetzt eher die Figur Ihres Hundes gemeint! Durch die vielen unterschiedlichen Übungen werden viele Muskeln im Hund trainiert. Aus diesem Grund sollten Sie jede Übung, mit der es möglich ist, in beiden Richtungen trainieren. Wenn der Hund lernt, im Kreis rechts herum um Sie zu laufen, bringen Sie es ihm dann auch links herum bei. Denn wir wollen den Hund nicht einseitig ausbilden.

Dogdancing ist wetterunabhängig.

Diese Sportart können Sie mit Ihrem Hund - außer draußen auf der Wiese – auch drinnen in der Wohnung ausüben, vorausgesetzt, Sie haben einen geeigneten Boden. Den hat man aber mit einem alten Teppich eigentlich schnell zur Hand. So kann es draußen also regnen, stürmen oder viel zu warm sein in der Sonne, Sie können sich nach drinnen verziehen und üben.

Diese Sportart ist für jeden Hund und Menschen geeignet.

Jeder gesunde Hund kann Tanzen lernen. Dabei ist es egal, ob er groß oder klein, schnell oder langsam und alt oder jung ist. Es gibt so viele Tanzfiguren, dass für jeden genug dabei sind. So muss ein großer Hund dann nicht die Übung machen, in der er dem Menschen zwischen den Beinen durchläuft, weil das sonst eher in einer Reiteinlage enden würde. Für einen sehr langsamen Hund gibt es auch langsame Musik.

Auch alte Hunde haben noch Spaß an der Ausbildung, auch wenn es insgesamt vielleicht etwas länger dauert, bis sie die einzelnen Aufgaben gelernt haben.

Die Ausbildung macht Spaß.

Sie müssen sich nicht dem Druck und dem Geschrei eines Ausbilders hingeben, was leider immer noch viel zu häufig auf Deutschlands Hundeplätzen vorkommt. Bestimmen Sie das Pensum, dass für Sie und den Hund angemessen ist und haben Sie einfach nur Spaß.

Sie lernen die Grundlagen der Hundeausbildung

Im Grunde ist es egal, was wir einem Hund beibringen, ob es nun SITZ, PLATZ, BEI FUSS oder TANZEN ist. Sie werden hier sehen, wie man dem Hund selbst schwierige Dinge beibringen kann und der Hund eine Menge Spaß bei der Ausbildung hat. Das können Sie dann auch für Ihre Ausbildung im Alltag übernehmen. Denn die Ausbildungsprinzipien sind dieselben.

Egal, ob groß oder klein: Tanzen ist für jeden etwas!

Das Endergebnis kann sich sehen lassen.

Wenn Sie es dann nach ausdauernder Arbeit geschafft haben, einen Tanz mit Musik und eventuell passendem Kostüm zusammengestellt zu haben, können Sie das vielleicht bei entsprechenden Anlässen auch in der Öffentlichkeit vorführen.

Wenn dann alles klappt, wozu wir Ihnen mit diesem Buch helfen wollen, wird der Applaus Ihnen sicher sein!

Vielleicht haben Sie auch Turnierambitionen?

Bei uns ist Dogdancing noch keine offizielle Sportart, in der auch Turniere ausgerichtet werden.

In anderen Ländern, z. B. in England oder in der Schweiz, ist das aber schon der Fall. Früher oder später wird sich das aber auch auf Deutschland ausdehnen. Dann können Sie Ihr Können mit dem anderer messen.

Es gibt eigentlich keine Fehler

Es ist unwichtig, ob der Hund rechts oder links von Ihnen geht, oder vorne oder hinten. Es ist auch egal, wenn bestimmte Sachen einfach nicht klappen wollen. Dann lassen Sie sie einfach aus dem Tanz weg. Erlaubt ist, was gefällt, solange es weder Ihrer noch der Gesundheit Ihres Hundes schadet.

Aus was für Gründen auch immer Sie sich für das Tanzen mit dem Hund entschieden haben, wichtig ist, dass es Spaß machen soll. Denken Sie auch immer daran: Der Weg ist das Ziel! Selbst wenn Sie also nie vorhaben, mit Ihrem Hund wirklich einmal einen Tanz einzustudieren, werden Sie hier eine sinnvolle Beschäftigungsmöglichkeit mit Ihrem Hund finden.

Wir werden die einzelnen Übungen Schritt für Schritt beschreiben, so dass Sie sie gut nachmachen können. Nebenbei erhalten Sie einen Einblick darein, wie Hunde lernen, was Ihnen dann auch bei der »normalen« Erziehung im Alltag helfen kann.

Dogdancing ist in besonderem Maße dazu geeignet,die
Harmonie zwischen Mensch und Hund
darzustellen. Die freudig wedelnden Hunde, die ihren menschlichen Tanzpartnern die Wünsche von den Augen abzulesen scheinen...das zeigt deutlich das Band, das zwischen Mensch und Hund besteht.
Eine solche Vorführung zeigt aber auch, wozu Hunde in der Lage sind, wenn sie gut und in einer für sie äußerst angenehmen Art ausgebildet werden.

GRUNDLAGEN FÜR DAS TRAINING

Wie die Hunde lernen

Wenn man dem Hund etwas beibringen will, sollte man wissen, wie das Lernen funktioniert. Es würde den Rahmen dieses Buches sprengen, auf dieses Thema ausführlich einzugehen. Nur einige wichtige Dinge wollen wir hier ansprechen. (Für eine ausführlichere Beschäftigung mit diesem Thema empfehlen wir das Buch »Hundeschule« von Viviane Theby, das voraussichtlich im August 2002 erscheint.) Welche Folgen das Lernen für die Ausbildung hat, werden Sie bei der Durcharbeitung des Textes immer wieder lesen. Mit diesem Hintergrundwissen lassen sich viele Fehler in der Ausbildung vermeiden, damit Sie und Ihr Hund viel schneller ans Ziel kommen und sich immer besser verstehen.

Die Hunde lernen bestimmte Kommandos, indem im Gehirn **Verknüpfungen** gebildet werden. Wenn ein Hund z. B. schön an der Seite seines Herrn geht und er hört dabei das Kommando BEI FUSS, lernt der Hund, BEI FUSS heißt es, wenn ich neben meinem Herrn gehen soll. Dafür muss das Kommando aber erst etliche Male mit dem Verhalten zusammen kommen, damit die entsprechende Verknüpfung im Gehirn des Hundes gebildet werden kann.

Dazu muss man zunächst den Hund motivieren, das gewünschte Verhalten zu zeigen. Wir wollen, dass dem Hund die Arbeit mit uns Spaß macht. Also werden wir ihn über für ihn angenehme Dinge motivieren. (Auch die erwartete Strafe ist eine Motivation für den Hund, ein bestimmtes Verhalten zu zeigen, wie es in der herkömmlichen Ausbildung oft verwendet wird; wobei die Leute dann meist fälschlicherweise annehmen, der Hund würde ihnen zuliebe folgen.)

Gute **Motivatoren** sind Futter oder Spielzeug. Dafür arbeiten die meisten Hunde gern. Am praktischsten ist es, wenn man beides nehmen kann. Fressen tut ja jeder Hund. Wenn der Hund in der Beziehung sehr wählerisch ist, muss man eventuell dazu übergehen, ihn für sein Futter arbeiten zu lassen.

Wenn man einen Hund hat, der nicht gerne spielt, lohnt sich im Hinblick auf die Ausbildung unter Umständen, ihm das erst einmal beizubringen. Vor allem, wenn man einen jungen Hund hat, ist das sehr zu empfehlen! Man kann so gut wie jeden Hund heiß auf ein Spielzeug machen.

So lernt der Hund zu spielen

Wenn Sie einen Hund haben, der bis jetzt noch nicht gerne spielt, können Sie ihm das beibringen.

Nehmen Sie ein Spielzeug, das dazu geeignet ist, dass Sie *mit* dem Hund spielen, z. B. ein Ball mit Schnur oder Ähnliches. Als Nächstes ist es wichtig, dass Sie es für den Hund erst einmal mit angenehmen Dingen verknüpfen. Dafür legen Sie es anfangs neben die Futterschüssel, wenn Sie den Hund füttern; Sie nehmen es in die Hand, bevor Sie spazieren gehen und Sie zeigen es ihm kurz, bevor Sie ihn z. B. von der Leine los-

machen. So wird das Spielzeug für den Hund die Ankündigung, dass etwas Tolles passiert. Er wird sich freuen, wenn Sie es zur Hand nehmen, genau so, wie sich so gut wie jeder Hund freut, wenn man die Leine in der Wohnung vom Haken nimmt, weil er weiß, dass das Spazieren gehen bedeutet.

Wenn der Hund so weit ist, wird er wahrscheinlich von sich aus schon das Spielzeug nehmen wollen, wenn er die Gelegenheit dazu hat. Sie können ihm also jetzt ein Zerrspiel anbieten. Sobald der Hund Interesse daran hat, nehmen Sie das Spielzeug wieder weg bis zum nächsten Versuch. Sie können

Mandy und Attila beim Spiel.

die Spielzeit so Schritt für Schritt verlängern. Wichtig ist, dass Sie das Spiel beenden, wenn es am schönsten ist, solange der Hund also richtig Spaß daran hat. Damit steigern Sie das Interesse des Hundes am Spielzeug von Mal zu Mal. Der Hund sollte dieses Spielzeug jedoch nie zur freien Verfügung haben. Sie nehmen es immer nur hervor, wenn Sie mit ihm spielen möchten.

So haben Sie sich dann eine Möglichkeit geschaffen, den Hund während der Ausbildung gut belohnen zu können.

Vielleicht wundert es Sie, dass so viel Aufhebens darum gemacht wird, dem Hund das Spielen beizubringen. Aber verlassen Sie sich darauf: es lohnt sich! Hunde, die gerne spielen, sind gut zu motivieren und lernen die ihnen gestellten Aufgaben dadurch viel schneller. Da wir den Hunden im Folgenden eine ganze Menge beibringen wollen, werden wir die zum Spielen-Lernen investierte Zeit schnell wieder herausarbeiten.

Es gibt allerdings auch Hunde, die spielen viel zu gern. Das ist in der Ausbildung auch nicht erwünscht, weil diese Tiere sich kaum auf die ihnen gestellte Aufgabe konzentrieren können. In diesen Fällen wird man eher mit Leckerchen arbeiten und das Spielzeug nur zum Ende der Ausbildungseinheit verwenden.

Versuchen Sie, Ihren Hund so gut wie möglich kennen zu lernen. Wie können Sie ihn am erfolgreichsten motivieren? Optimal wäre es, wenn Sie eine ganze Reihe an Motivationsmitteln hätten, die Sie in unterschiedlicher Abstufung einsetzen können. Für unseren Hund Fratz ist sozusagen die Grundbelohnung Katzen-Trockenfutter. Das sind schön kleine Stückchen und man kann sie gut in der Hosentasche transportieren. Bei der Arbeit unter steigender Ablenkung lässt er sich aber besser mit Fleischwurst motivieren. Je nach gestellter Aufgabe wird ein Ball mit Seil verwendet. Und das Allerbeste in den meisten Situationen ist ein Ball mit einem eingebauten Glöckchen. Diese sehr motivierenden Belohnungen eignen sich auch gut, um dem Hund zu zeigen, dass er etwas besonders gut gemacht hat.

Lernen auch Sie Ihren Hund so gut wie möglich kennen. Finden Sie heraus, durch was er in welchen Situationen wie zu motivieren ist. So haben Sie für jede Aufgabe, die Sie dem Hund stellen, das passende Motivationsmittel. Außerdem können Sie dem Hund so eine Menge Abwechslung bieten. Auch das ist wiederum motivierend.

Außer Spielzeug und Leckerchen können Sie alles als Belohnung anwenden, was der Hund in dem entsprechenden Moment lieber machen würde. Beobachten Sie also Ihren Hund und versuchen Sie zu erahnen, was er in dem Moment gerne machen würde. Laufen? Schnüffeln? Wasser trinken? Ein Kunststück zeigen, das er schon gut kann?

All das sind dann Möglichkeiten, wie Sie den Hund in dem Moment für ein von Ihnen gefordertes Verhalten belohnen können. Es ist also gar nicht so wichtig, immer Leckerchen dabei zu haben.

Wir haben jetzt eine ganze Weile über Motivation und Belohnungen gesprochen. Warum das alles? Was hat das mit dem Lernen zu tun?

Hunde lernen unter anderem an den Folgen ihres Tuns, so genanntes Lernen durch Versuch und Irrtum oder Lernen am Erfolg.

Wenn nun ein bestimmtes Verhalten für den Hund angenehme Folgen hat, wird er das Verhalten wahrscheinlich wiederholen. Wenn Sie im Straßengraben ein 2-Euro-Stück finden, ist die Wahrscheinlichkeit hoch, dass Sie in der darauf folgenden Zeit immer wieder in den Straßengraben schauen werden.

Diese Tatsache ist wichtig für die Ausbildung. Wir wollen, dass der Hund Spaß an der Ausbildung hat. Das gilt natürlich ganz besonders für das Tanzen, aber generell auch für alle andere Ausbildung mit dem Hund.

Wenn der Hund feststellt, dass sein Tun angenehme Konsequenzen hat, wird ihm das Lernen Spaß machen. Wenn Sie feststellen, dass Ihr Hund es gar nicht mehr abwarten kann, dass Sie wieder mit ihm üben, werden auch Sie mehr und mehr Spaß bei der Ausbildung haben.

Ausbildung, wie sie dem Hund Spaß macht

Bevor wir uns nun ans Üben der einzelnen »Tanzschritte« machen, müssen noch einige theoretische, aber trotzdem durchaus praktische Dinge für die Ausbildung besprochen werden.

Der Hund versteht unsere Worte nicht. Wenn wir ihm also sagen »Tanzen!«, wird er nicht verstehen, was gemeint ist. Daher ist es im ersten Ausbildungsschritt wichtig, dass wir zunächst das Verhalten haben, damit wir dem Hund dann klarmachen können, welches Kommando dazu gehört.

Wir bedienen uns drei verschiedener Möglichkeiten, um an die gewünschten Verhaltensweisen zu kommen:

● Wir können den Hund beobachten und damit bestimmte Bewegungen »einfangen«. So ist es z. B. die Spielaufforderung der Hunde, die wir im Tanz als Verbeugung nehmen werden. Wenn Sie bei Ihrem Hund also die Spielaufforderung beobachten und

Silas zeigt beim Zerrspiel eine schöne Spielaufforderung.

genau dieses Verhalten belohnen, wird der Hund es häufiger zeigen. Vielleicht gibt es dann Situationen, in denen Sie ziemlich sicher sind, dass der Hund dieses Verhalten zeigen wird. Das ist dann die richtige Zeit, ein Kommando einzusetzen. Immer, wenn der Hund sozusagen zu diesem Verhalten ansetzt, in diesem Fall, wenn die Vorderfüße runter gehen werden, geben Sie das Kommando DIENER und die Belohnung. Wenn Sie das oft genug wiederholt haben, verknüpft der Hund das Verhalten mit dem Kommando und Sie können dann das Kommando geben und der Hund wird das Verhalten zeigen.

• Sie können das Verhalten formen, indem Sie dem Hund gewisse Hilfestellungen geben. Nehmen wir wieder das Verhalten DIENER. Sie können den Hund z. B. mit einem Leckerchen unter Ihrem ausgestreckten Bein hindurch locken und in dem Moment, wo der Vorderteil des Hundekörpers runter geht, geben Sie die Belohnung. Wenn Sie das Verhalten durch die Hilfestellung ziemlich sicher reproduzieren können, was meist ganz schnell der Fall ist, können Sie auch das entsprechende Kommando dazu geben.

Unser Endziel ist es, dass der Hund

Eine weitere Möglichkeit, dem Hund dieses Verhalten zu entlocken...

die einzelnen Kunststücke überwiegend auf Wortkommando hin ausführt. Jetzt geben wir ihm aber noch mit dem Bein eine deutliche Hilfestellung, die wir erst so nach und nach wieder abbauen müssen. Das kann je nach verwendeter Hilfe und je nach Geschick schon recht lange dauern. Diese Methode, die einem scheinbar so schnell Erfolge verschafft, ist in Wirklichkeit gar nicht so schnell.

● Wir können ein Verhalten des Hundes frei formen. In diesem Fall erarbeitet der Hund sich das entsprechende Verhalten selbstständig. Wir geben keinerlei Hilfestellung außer der

Belohnung, wenn sich der Hund sozusagen auf dem richtigen Weg befindet. Wir sagen ihm damit wie früher im Kinderspiel: »Heiß, heiß, es wird immer heißer ...«, bis er sich das gewünschte Verhalten erarbeitet hat.

Auf diese Weise kommt man in den meisten Fällen nicht sofort zu dem endgültigen Verhalten, sondern man erarbeitet sich zunächst viele kleine Zwischenschritte, die Sie sich wie in einem Daumenkino vorstellen können. In unserem Beispiel belohnen wir den Hund also zunächst, wenn er eine Pfote etwas vorsetzt, dann die nächste und immer weiter, bis schließlich sein Vorderkörper unten ist.

... oder so: Sie formen das Verhalten schrittweise.

Das erscheint zunächst etwas mühseliger und langwieriger, ist es aber nur auf den ersten Blick. Hier muss nämlich keinerlei Hilfe abgebaut werden, denn wir haben keine gegeben. Wir müssen nur das Verhalten noch mit dem entsprechenden Kommando verknüpfen und fertig. Gerade beim Tanzen mit dem Hund, wo wir dem Hund sehr viele Kunststücke beibringen werden, ist das neben der ersten Möglichkeit die Methode der Wahl. Je mehr Kunststücke der Hund auf diese Weise lernt, desto besser wird er zu lernen lernen und das Ganze geht von Mal zu Mal schneller. Sie werden staunen, wie einfallsreich Ihr Hund wird!

Sie sehen, es gibt immer mehrere Möglichkeiten, dem Hund ein bestimmtes Verhalten beizubringen. Wir werden Ihnen an den entsprechenden Stellen auch meist mehrere Möglichkeiten zeigen. Aber auch das sind noch nicht alle. Es gibt so viele Möglichkeiten, wie es Ausbilder gibt. So wird auch für jeden Hund, bzw. für jedes Mensch-Hund-Team eine dabei sein, die beiden am besten liegt. Wichtig ist, dass sowohl der Hund als auch Sie sich beim Üben wohl fühlen. Denn nur dann macht das Training mit dem Hund richtig Spaß. Daher wählen Sie sich die Möglichkeit, die Ihnen am ehesten zusagt. Wir Menschen sind nun mal unterschiedlich. Der eine beobachtet lieber, der andere ist lieber selber aktiv usw. Aus dem Grund wollen wir auch nicht eine allgemein gültige Methode vorschreiben. Die gibt es nicht. Aber es gibt bestimmte Prinzipien, nämlich die, wie das Lernen funktioniert. Und wenn man sich daran hält, wird auch jeder eine Art und Weise finden, wie er mit seinem Hund die besten Ergebnisse erreicht.

Der Klicker

Wir haben weiter oben davon gesprochen, ein Verhalten »einzufangen«. Dieses Wort beschreibt in der Tat unsere Aufgabe als Ausbilder am besten. Wir müssen ein Verhalten einfangen, das heißt, wir müssen schnell sein! Es muss nämlich das entsprechende Verhalten zu diesem Zweck genau in der Sekunde belohnt werden, in der es auftritt! Das ist sehr wichtig, damit der Hund das Richtige verknüpfen kann. Ist die verstrichene Zeit schon länger als eine Sekunde, versteht er uns nicht und wir ärgern uns vielleicht über den dummen Hund, der scheinbar nichts lernen will. Meist sind es aber die Menschen, die die eigentlichen Übeltäter sind, wenn der Hund nicht richtig lernt. Denn meist sind sie im Timing, d. h. in der Geschwindigkeit, in der sie auf ein bestimmtes Verhalten reagieren, ziemlich schlecht. Und dann kann der Hund leider nicht verstehen, was gemeint ist.

Nehmen wir unser Beispiel, in dem wir dem Hund das Verbeugen unter dem Bein durch beibringen. Bei den meisten Hunden werden Sie in dieser Situation nur einen Bruchteil einer Sekunde haben, das gewünschte Verhalten »einzufangen«, dann wird sich der Hund nämlich hinlegen.

Den Hund so genau »auf den Punkt« zu belohnen, schafft man mit Leckerchen oder Spielzeug nicht. Denn allein wenn wir den Gedanken gefasst haben, ist es schon zu spät. Aus diesem Dilemma kann uns der Klicker hinaushelfen.

Ein Klicker ist wie ein Knackfrosch wie es ihn als Spielzeug gibt. Mit ihm können wir die gewünschten Verhalten in der Tat genau auf den Punkt belohnen.

Aber wie kann so etwas wie ein Klicker eine Belohnung für einen Hund sein?

Dazu wird das Teil zunächst einmal für den Hund mit Leckerchen verknüpft. Jedem Klick folgt am Anfang augenblicklich ein Leckerchen. Nur dieses spezielle Geräusch darf für den Hund das Zeichen sein, nicht etwa dass Sie zu den Leckerchen greifen oder sonst eine bestimmte Bewegung machen. Nur der Klick sollte für den Hund bedeuten, dass nun etwas Leckeres folgt. Wenn man oft genug den Klick mit einem Leckerchen verbunden hat, wird der Klick sozusagen das Versprechen für die Belohnung. Sie können feststellen, ob er für den Hund schon die erwünschte Wirkung hat, wenn dieser eben ganz aufmerksam wird nach jedem Klick und sein Leckerchen erwartet. Dann können wir den Klicker in der Ausbildung verwenden und wir haben eine exzellente Möglichkeit, die Ausbildung um ein Vielfaches zu beschleunigen.

Der Klicker markiert die entsprechenden Verhaltensweisen und verschafft uns Zeit, das Leckerchen zu geben oder ein kurzes Spiel einzulegen.

Target-Training

Damit Sie sich im Umgang mit dem Klicker üben, bauen wir hier eine kleine Aufgabe ein, nämlich das Berühren eines Targetsticks. Ein Targetstick ist ein Zielstock. Er zeigt dem Hund, wo er hin soll. Besorgen Sie sich dafür am besten einen ausziehbaren Zeigestock. Der hat den Vorteil, dass man ihn in der Länge variieren kann. Jeder andere Stock oder eine alte Autoantenne tut es zur Not aber auch.

Wenn Sie Ihren Hund nun schon auf den Klicker konditioniert haben, nehmen Sie jetzt Targetstick, Klicker und besonders gute, in sehr kleine Stücke geschnittene Leckerchen zur Hand. Nehmen Sie den Klicker startklar in die Hand und zeigen Sie dann Ihrem Hund den Targetstick, ohne ihn jedoch damit zu berühren. Die meisten Hunde werden das Ding erst einmal neugierig mit der Nase inspizieren. Sobald die Hundenase den Targetstick berührt, »fangen« Sie das mit einem Klick »ein«, und der Hund bekommt sein Leckerchen. Wenn das Leckerchen entsprechend gut und der Hund entsprechend hungrig ist, weil Sie vor seiner Fütterzeit üben, wird der Hund schnell lernen, dass es die Nase am Targetstick ist, die ihm ein Klick mit einem Leckerchen beschert.

Vielleicht hat der Hund den Targetstick zuerst irgendwo in der Mitte berührt. Das ist für den Anfang in Ordnung.

Nun soll er aber lernen, dass es die Spitze ist, die er berühren soll. Sie können sich jetzt auch im freien Formen üben, indem Sie den Hund nur mit Klicker und Leckerchen immer weiter in Richtung Spitze lotsen. Wenn der Hund also den Targetstick zuverlässig in der Mitte berührt, gibt es dafür dann keinen Klick mehr. Den Hund wird das erstaunen, so nach dem Motto: »Nanu, das hat doch sonst den Futterautomaten in Gang gesetzt, warum funktioniert es denn jetzt nicht mehr?« Er wird es daraufhin noch einmal versuchen und eventuell wird er sein Verhalten etwas ändern, d. h. den Targetstick weiter in Richtung Spitze berühren. Das wird dann wieder belohnt.

Wichtig ist, dass Sie für den Hund klare Kriterien schaffen. Sie müssen sich deutlich sagen, was jetzt die Aufgabe des Hundes ist, ein Klick und ein Leckerchen zu verdienen. Das kann z. B. sein, dass er den Targetstick in der oberen Hälfte berühren soll. Wenn das zuverlässig klappt, wählen Sie das obere Viertel als Ziel und schließlich die Spitze.

Stecken Sie die einzelnen Zwischenschritte nur so groß, dass Ihr Hund auch Erfolg haben kann. Denn Misserfolg ist frustrierend. Das wissen Sie aus eigener Erfahrung. Dann verliert man schnell die Lust.

Wenn Sie aber die einzelnen Zwischenschritte nur ganz allmählich steigern, kann Ihr Hund immer leicht erfolgreich sein. So wird ihm die Ausbildung Spaß machen und Sie nähern sich – wenn auch in kleinen Schritten – aber zügig Ihrem Ziel.

Erst wenn der Hund schließlich zuverlässig die Spitze des Targetsticks berührt, kommt das Kommando ins Spiel. Jetzt haben wir nämlich das Verhalten, das wir mit dem Kommando verknüpfen können. Vorher hätte der Hund nur das Falsche gelernt. Wenn Sie dem Hund jetzt den Targetstick hinhalten und er auf dem Weg

Paton berührt den Targetstick.

ist, ihn zu berühren, geben Sie ihm z. B. das Kommando TICK. Erst wenn Sie das einige Male in dieser Art gegeben haben, so dass der Hund auch das Verhalten mit dem jeweiligen Wort verknüpfen kann, dann können Sie ihm das Kommando auch geben, um das Verhalten zu provozieren.

Im nächsten Schritt soll der Hund lernen, dass er nur ein Klick und ein Leckerchen bekommt, wenn Sie auch vorher das Kommando gegeben haben, und nicht mehr, wenn er das Verhalten von sich aus zeigt. Dazu halten Sie ihm dann den Targetstick einmal ohne Kommando hin und er bekommt kein Leckerchen, dann geben Sie das Kommando und er bekommt ein Leckerchen, wenn er es ausführt. Das Kommando wird so zum Signal, dass der Hund sich ein Leckerchen verdienen kann. Wenn er entsprechend motiviert ist, wird er das gerne machen!

Wenn wir dieses Verhalten, also das Berühren des Targetsticks, sorgfältig festigen wollen, ist der nächste Schritt in der Ausbildung, auf variable Belohnung umzusteigen. Das bedeutet, dass ab jetzt nicht mehr jede Berührung belohnt wird, sondern nur noch jede zweite. Von der Belohnung jedes zweiten Males geht man zügig dazu über, den Hund mal nach drei Malen, mal nach einem Mal, mal nach fünf Malen usw. zu belohnen, also variabel. Der Hund weiß nicht mehr, wann die

Belohnung kommt und er wird sich mehr anstrengen. Das ist dasselbe Prinzip, das die Lotteriegesellschaften anwenden: Die Spieler wissen nie, wann sie etwas gewinnen. Es könnte immer das nächste Mal sein.

Wenn Sie dann noch dem Hund von Zeit zu Zeit einen Hauptgewinn in Form eines ganz besonders guten Leckerchens oder eine richtige Hand voll davon geben, anstelle des gewohnten Krümelchens, können Sie Ihren Hund regelrecht süchtig aufs Lernen machen.

Mit dieser Übung haben Sie nun Ihre ersten Erfahrungen mit dem Klicker und dem freien Formen gemacht. Aber nicht nur das: Sie haben sich auch eine wertvolle Hilfe aufgebaut, die Sie für viele Übungen verwenden können: nämlich das Berühren des Targetsticks. Wir werden im Folgenden des Öfteren darauf zurückkommen.

Im Prinzip erfolgt das Lernen jedes der folgenden Kunststücke nach dem selben Schema. Zuerst überlegen Sie sich, wie Sie an das entsprechende Verhalten kommen; das wird dann mit dem Kommando verknüpft und schließlich auf variable Belohnung gesetzt. Für das Tanzen werden wir – bis auf wenige Ausnahmen – besonderen Wert darauf legen, dass der Hund das Kommando aufs Wort befolgt. Er soll nämlich alle Übungen unabhängig von unseren Bewegungen ausführen können, damit wir in der Lage sind, uns ganz unabhängig vom Hund beim Tanzen zu bewegen.

In den wenigsten Fällen werden wir den Hund in der Ausbildung in irgendeiner Weise berühren. Das hat folgende Gründe: Wenn wir dem Hund etwas beibringen wollen, indem wir ihn am Halsband ziehen oder irgendwie schieben, ist das immer eine Form von Zwang. Viele Hunde verunsichert das und das wollen wir nicht.

Die Leine sollte ohnehin nur für den Notfall am Hund sein und nicht dazu dienen, ihn daran durch die Gegend zu zerren.

Sehen Sie sich einfach mal die Körpersprache Ihres Hundes an. Vielleicht lassen Sie sich versuchshal-ber bei folgenden Übungen filmen: Ziehen Sie den Hund an der Leine in einer Achterbahn um Ihre Beine herum. Dann machen Sie dieselbe Übung, indem Sie den Hund mit dem Targetstick oder einem Leckerchen um die Beine herumführen. Auf den Fotos sehen Sie beide Varianten. Sehen Sie den Unterschied?

Der Hund auf dem unteren Bild ist in seiner ganzen Körperhaltung geduckt. Er macht keinen sehr glücklichen Eindruck.

Auf dem rechten Foto ist er jedoch mit Freude bei der Sache. Und so sollte es sein!

Strafe in der Ausbildung...

...ist gänzlich fehl am Platze! Natürlich ist auch die Strafe eine Motivation, ein

Hier fühlt sich der Hund sichtlich unwohl...

... während er hier mit Spaß bei der Sache ist.

bestimmtes Verhalten zu zeigen oder je nach dem nicht zu zeigen. Allerdings hat die Anwendung von Strafe mehr Nach- als Vorteile.

Zum einen erzeugt Strafe Stress. Und unter Stress kann man nicht lernen. Das kann auch der Hund nicht. Bei der Anwendung von Strafe weiß der Hund vielleicht – vorausgesetzt, die Strafe ist richtig angewandt – was er nicht tun soll, aber er weiß deshalb längst nicht, was denn nun von ihm erwartet wird.

Außerdem weiß man nie genau, was der Hund letztendlich mit der Strafe verknüpft: vielleicht Sie, das ist dann nicht sehr gut für das Vertrauensverhältnis; vielleicht aber auch die Übungssituation, was dem Hund das

Üben ganz schön verleiden kann; vielleicht aber auch das Kind, was gerade beim Üben zuschaut. Für den Hund können Kinder nur aus einem solchen Grund heraus gefährlich sein und dann wundern sich die Leute, dass er beim nächsten Gang durch die Fußgängerzone ein Kind beißt.

In der Ausbildung braucht man aber auch gar keine Strafe. In den allermeisten Fällen, wenn der Hund nicht macht, was wir von ihm wollen, sind sowieso wir diejenigen, die den Fehler gemacht haben. Vielleicht haben wir dem Hund nicht deutlich genug gezeigt, was wir von ihm wollen; vielleicht haben wir auch schon vorausgesetzt, er hätte eine bestimmte Sache verallgemeinert, was aber noch nicht der Fall ist oder wir haben eine Übung noch nicht unter Ablenkung gemacht und ärgern uns dann, dass der Hund in einem solchen Moment nicht folgt. Dabei haben wir ihm es einfach noch nicht so beigebracht.

Befreien Sie sich auch bitte von der Vorstellung, dass der Hund stur ist, Sie nur ärgern will oder dergleichen. In der Beziehung werden Hunde nämlich leider immer noch viel zu sehr – und hier sehr zu ihrem Nachteil – vermenschlicht. Wenn eine Übung nicht klappt, suchen Sie den Fehler in erster Linie bei sich selber. Vielleicht lassen Sie sich auch einmal filmen und versuchen dann herauszufinden, woran es lag.

Auch Dominanzprobleme als so oft behauptete Ursache, wenn der Hund nicht folgt, können Sie vergessen. Dominanz hat nichts mit Ausbildung zu tun. Darum hilft es auch nicht, einfach nur Gewalt anzuwenden. Ein schönes Zitat, von dem wir leider nicht wissen, von wem es stammt, hat Angela Schmidt auf einem Seminar erwähnt. Es passt hervorragend in diesem Zusammenhang: *Gewalt beginnt dort, wo Wissen endet!*

In Situationen, in denen der Hund aus irgendwelchen Gründen einen Fehler macht, reagieren wir mit der **kleinstmöglichen Belohnung**, d. h. wir reagieren wenn möglich überhaupt nicht. Wir sagen also auch nicht

FALSCH oder drehen uns weg, sondern reagieren einfach gar nicht. So dauert es bei manchen Sachen vielleicht etwas länger, bis sie so klappen, wie man es gerne hätte, aber der Hund wird auf alle Fälle nicht zu Unrecht bestraft und er bleibt mit Spaß und Elan bei der Sache. Und das ist ja genau das, was wir wollen, nämlich Spaß haben und zwar *mit* unserem Hund.

In diesem Sinne....an die Arbeit!

Für das Training nützliche Utensilien

Eigentlich können Sie alle Kunststücke übers freie Formen beibringen und brauchten daher nur **Klicker** und **Leckerchen** und **Spielzeug,** um den Hund auszubilden. Da es aber nicht allen Menschen liegt, so geduldig mit dem Hund zu arbeiten und den Hund sozusagen alle Arbeit alleine machen zu lassen, werden wir auch andere Möglichkeiten vorstellen, wie Sie dem Hund helfen können. Betont sei hier noch einmal, dass die Ausbildung dadurch kaum schneller geht, eher im Gegenteil; denn es dauert meist eine ganze Weile, bis man die Hilfen wieder abgebaut hat. Dennoch arbeiten viele Menschen lieber, indem sie ihrem Hund helfen. Und da die Ausbildung den Menschen wie den Hunden Spaß machen soll, ist das auch in Ordnung so.

Ein sehr nützliches Hilfsmittel ist der **Targetstick.** Weiter vorne haben wir schon erklärt, wie wir dem Hund dessen Bedeutung beibringen. Weiß der Hund erst einmal, dass er dem Stick folgen soll, können wir ihm damit eine ganze Menge Figuren beibringen.

Die **Leine** wird nur für den Notfall gebraucht, also für den Fall, dass Sie draußen üben auf uneingezäuntem Gelände und die Möglichkeit besteht, dass der Hund – aus was für Gründen auch immer – weglaufen könnte.

Für manche Aufgaben brauchen Sie zwei ca. 4 Meter lange Seile, die möglichst leicht sind. So etwas finden Sie normalerweise im Baumarkt.

Um mit diesen Seilen einen Gang zu bauen, brauchen wir noch **Ständer.** Dafür sind z. B. die 1,5 Liter Getränkeflaschen aus Plastik geeignet, die allerdings voll sein sollten, sonst sind sie zu leicht. Man kann die Flaschen sehr schön mit Wasser füllen oder auch den ursprünglichen Inhalt darin lassen. Dann stehen sie recht sicher und Sie haben gleichzeitig für sich und den Hund etwas zu trinken dabei.

Für die Sprungübungen z. B. brauchen wir noch zwei **Besenstiele.** Wenn es möglich ist, ist auch eine Hürde, wie man sie im Agility hat, ganz nützlich. Man kann sie aber auch durch die Besenstiele auf Kisten z. B. improvisieren.

Das war's eigentlich schon, was Sie für den Anfang brauchen. Damit können wir die einzelnen Kunststücke, die Sie für den Tanz brauchen, einstudieren. Wenn es dann soweit ist, den Tanz zur Musik zusammenzusetzen, brauchen Sie noch Kassettenrecorder oder CD-Player und einige andere Dinge, die wir im jeweiligen Kapitel ansprechen werden.

Bevor es losgeht, kommen wir noch zu einer häufig gestellten Frage: Kann ich mit meinem Hund auch mehrere Kunststücke gleichzeitig üben, vor allem, wenn ich viel über das freie Formen arbeite?

Ja, Sie können. Wir empfehlen es sogar. Je mehr Sie üben, desto mehr Abwechslung können Sie dem Hund bieten. Natürlich hat alles seine Grenzen. Sie werden aber feststellen, wann Sie Ihren Hund eher verwirren, als dass Sie ihm Abwechslung schaffen.

Wenn Sie mehrere Figuren über's freie Formen einstudieren wollen, können Sie es Ihrem Hund erleichtern, wenn Sie an unterschiedlichen Orten üben. Im Wohnzimmer üben Sie das eine, in der Küche das andere und draußen im Garten das dritte Kunststück.

Wenn Sie dann soweit sind, dass Sie Kommandos einführen können, üben Sie alle an möglichst vielen unterschiedlichen Orten und unter ständig steigender Ablenkung.

DIE EINZELNEN FIGUREN

In den nun folgenden Über-
schriften sehen Sie auch
jeweils das Kommando, das
wir für die jeweilige Übung
ausgewählt haben. Dazu gilt Folgen-
des: Sie können gerne unsere Beispiele
übernehmen, Sie können sich selbstverständlich auch andere Worte aus-
denken. Wir haben möglichst solche
Worte gewählt, bei denen man den
Mund nicht zu deutlich bewegen muss,
damit den Zuschauern nicht auffällt,
dass während dem Tanz Kommandos
gegeben werden.

In den meisten Fällen haben wir
mehrere Möglichkeiten beschrieben,
wie man eine bestimmte Figur einüben
kann. Suchen Sie sich diejenige heraus, die Ihnen für sich und Ihren Hund
am geeignetsten erscheint. Sie können
auch alle Varianten ausprobieren. Sie
werden dabei mit Sicherheit Ihren
Hund hervorragend kennen lernen und
eine Menge Erfahrungen sammeln.

Hund Spaß haben, so also
auch bei der BEI-FUSS-
Arbeit. Wenn Ihr Hund schon
freudig BEI FUSS geht, haben
Sie schon den ersten Tanzschritt. Wenn
nicht, werden wir das jetzt Stück für
Stück aufbauen.

1. Bei Fuß im Tanzschritt FUSS
BEI FUSS im Tanzschritt ist ganz nor-
males BEI FUSS-Gehen. Nein, vielleicht nicht ganz normal, sondern der
Hund hat sichtlich Spaß dabei! Und
das ist leider noch kein ganz normaler
Anblick. Aber beim Tanzen soll der

*Jutta und Timmy bei ihrem Tanz »Der
Jäger aus Kurpfalz«.*

Wir wollen also, dass der Hund freudig an unserem linken Bein »klebt« und uns dabei anschaut, weil das beim Tanzen eben so üblich ist.

Wenn Ihr Hund schon freudig BEI FUSS geht, Sie nur noch an den Feinheiten arbeiten wollen, verwenden Sie Ihr altes Kommando. Sollte Ihr Hund das BEI-FUSS-Gehen aber noch mit der Leinen-Ruck-Methode gelernt haben und dabei gar nicht so glücklich aussehen, verwenden Sie bitte für den Aufbau dieses Verhaltens ein neues Wort. Es ist sonst nämlich viel zu langwierig gegen die schlechten Erfahrungen anzuarbeiten. Mit dem neuen Wort verbindet Ihr Hund nur Angenehmes und Sie werden staunen, wie freudig Ihr Hund auf das neue Kommando reagiert.

Erst einmal gilt es, den Hund zu motivieren mitzumachen und ihn irgendwie an unsere linke Seite in Kniehöhe zu bekommen, damit wir das dann mit dem Kommando FUSS verknüpfen können. Dazu gibt es mehrere Möglichkeiten.

Erst machen Sie den Hund auf sich aufmerksam...

Variante 1:

Machen Sie Ihren Hund, der vor Ihnen steht oder sitzt, mit Leckerchen oder Spielzeug auf sich aufmerksam. Ist er konzentriert bei Ihnen, gehen Sie einige Schritte rückwärts, wobei Sie darauf achten sollten, die Aufmerksamkeit des Hundes zu halten. Für den Anfang genügen schon 3 - 4 Schritte. Wenn der Hund Sie schön anschaut, bekommt er ein Klick und ein Leckerchen, bzw. kurzes Spiel mit dem Spielzeug. Wir empfehlen hier die Verwendung des Klickers, weil man damit eben genau den richtigen Moment des Anschauens »einfangen« kann.

Anstelle des Klickers können Sie übrigens auch ein Lobwort benutzen, das Sie aber vorher erst genauso konditionieren sollten wie den Klicker. Sie sagen z. B. immer FEIN, dann gibt es augenblicklich ein Leckerchen. Wenn der Hund guckt, wo sein Leckerchen bleibt, wenn Sie FEIN sagen, dann können Sie dieses Wort als Belohnung benutzen. Achten Sie dann aber sehr genau auf Ihr Timing. Mit unseren Worten sind wir nämlich erfahrungsgemäß nicht so schnell, wie mit unserem Daumen am »Abzug«.

Wenn der Hund verstanden hat, worum es geht – und das ist für den Hund leichter, wenn Sie wirklich nur wenige Schritte am Anfang gehen, anstelle von langen Strecken -, drehen Sie sich aus dem Rückwärtsgehen an die rechte Seite Ihres Hundes und gehen vorwärts weiter. Der Hund befindet sich also jetzt an Ihrer linken Seite, wie es für das FUSS-Gehen sein sollte. Ihre linke Hand mit dem Lockmittel sollten Sie vor Ihrem Bauch tragen und nicht dem Hund entgegenstrecken. Geht der Hund nun in der richtigen Position, geben Sie ihm das Kommando für diese Übung und sein Klick und Leckerchen. Auch jetzt ist es noch besser, lieber zehn Mal nur drei Meter zu gehen, als einmal dreißig Meter. Damit machen Sie es dem Hund dann einfacher, erfolgreich zu sein. Erfolg wiederum ist motivierend. Der Hund wird dann gerne mitarbeiten.

Wenn Sie den Hund einige Male aus dem Rückwärtsgehen in die richtige Position gelockt haben, können Sie

... dann drehen Sie sich in die richtige Position, wie Ute und Feldmann es hier zeigen.

auch sofort mit dem Hund an Ihrer linken Seite losgehen, wenn Sie ihn entsprechend aufmerksam gemacht haben. Jetzt wird es Zeit, das Lockmittel, also die Leckerchen oder das Spielzeug, zügig abzubauen, damit der Hund sich erst gar nicht daran gewöhnt. Halten Sie dazu Ihre Hand so, als hätten Sie noch etwas darin. Wenn der Hund dann zwei Schritte schön aufmerksam mitgeht, bekommt er sein

Klick und die Belohnung aus der anderen Hand oder aus der Jackentasche. Der Hund soll in diesem Stadium der Ausbildung lernen, dass er seine Belohnung bekommt, auch wenn er nichts in Ihrer Hand sieht.

Nach und nach verlängern Sie die Strecken, die Ihr Hund gehen soll. Üben Sie aber immer nur so lange, wie Sie auch die Aufmerksamkeit Ihres Hundes halten können, auch wenn das anfangs nur wenige Schritte sind. Die meisten Leute neigen nämlich dazu, viel zu weite Strecken zu gehen, der Hund wird unaufmerksam und sie müssen ihn dann immer wieder motivieren mit mehr oder weniger Erfolg.

Sie kommen schneller voran mit wenigen Schritten. Dann fällt es Ihrem Hund leichter die ihm gestellte Aufgabe zu erfüllen und vor allem lernt er, dass bei Fuß gehen wirklich heißt, dass er auch mit der Aufmerksamkeit bei Ihnen sein soll. Wenn Sie dazu neigen, weite Strecken zu gehen, bei denen er einen Großteil der Zeit unaufmerksam ist, lernt der Hund nur, dass man auch unaufmerksam FUSS gehen kann. Und das sollte er nach Möglichkeit erst gar nicht.

Machen Sie es sich und Ihrem Hund also einfach und stecken Sie sich nur solche Ziele, die Sie auch erreichen können. Das gilt übrigens für alle Übungen, die wir Ihnen hier vorstellen.

Schritt 1: Locken Sie den Hund mit Spielzeug oder Leckerchen hinter sich her. Wichtig ist, dass er mit seiner ganzen Aufmerksamkeit bei Ihnen ist. Es genügen dafür 2 - 3 Schritte.

Schritt 2: Drehen Sie sich dann so, dass Sie vorwärts weiter gehen und der Hund sich an Ihrer linken Seite befindet. Gehen Sie nur so lange, wie Sie auch die Aufmerksamkeit des Tieres halten können, damit die Übung für Sie beide im Erfolg endet.

Schritt 3: Verlängern Sie die Strecken, die Sie gehen, aber nur durchschnittlich. Loben Sie zwischendurch auch ruhig immer mal wieder nach nur einem oder wenigen Schritten. Führen Sie jetzt auch das Kommando ein in dem Moment, in dem Sie losgehen.

Schritt 4: Bauen Sie nach und nach Spielzeug oder Leckerchen als Lockmittel ab.

Variante 2:

Diese Art, dem Hund das FUSS-Gehen beizubringen, empfiehlt sich besonders für kleine Hunde. Dann braucht man sich als Ausbilder nämlich nicht so tief zu bücken, um ihnen ein Spielzeug vor die Nase zu halten. Natürlich können auch große Hunde auf diese Art das FUSS-Gehen lernen.

Wir haben weiter vorne schon das Target-Training erklärt. Wenn Ihr Hund es gelernt hat, dem Targetstick zu folgen, können Sie ihn damit in die

Dorothea hat sich mit Emil für die Target-Variante entschieden.

richtige Position an Ihrem linken Bein dirigieren. Sie fordern jetzt von dem Hund, dass er den Targetstick mehrmals berührt, um an seine Belohnung zu kommen. Steigern Sie auch hier die Anforderungen allmählich. Wenn Sie zu schnell zu viel von Ihrem Hund verlangen, kann es sein, dass er Sie nicht mehr versteht, so nach dem Motto: »Nanu, aber ich habe doch mit der Nase den Stick berührt, soll ich

das etwa jetzt nicht mehr?«

Bringen Sie Ihrem Hund also schrittweise bei, dass er jetzt öfter mit der Nase an den Targetstick soll, bis er schließlich richtig daran »klebt«. Belohnen Sie das Tier zwischendurch aber auch immer mal wieder für die erste Berührung. So bleibt die Motivation erhalten.

Wenn der Hund die Aufgabe bis hierhin gut verstanden hat, gilt es, so nach und nach die Hilfe, also den Targetstick abzubauen. Wenn Sie einen haben, den man teleskopartig zusammenschieben kann, lassen Sie ihn ganz allmählich in Ihrer Hand verschwinden, bis irgendwann nur noch der Finger als Hilfe dient. Inzwischen sollten Sie schon oft genug das Kommando mit dem korrekten Verhalten verknüpft haben, so dass Sie schließlich auch den Finger als Zeichen weglassen können.

Wie lange das dauert, bis Sie ohne Hilfe auskommen, kann man schlecht vorher sagen. Es gibt Hunde, die lernen schnell, andere brauchen länger dafür. Lassen Sie sich davon nicht beeinflussen. Sie bestimmen den Weg in der Ausbildung, das Tempo aber bestimmt Ihr Hund.

Schritt 1: Dirigieren Sie den Hund mit Hilfe des Targetsticks in die richtige Position. Steigern Sie ganz allmählich die Häufigkeit, in welcher der Hund den Targetstick berühren soll.

Schritt 2: Führen Sie das Kommando ein und bauen Sie Schritt für Schritt die Hilfen ab, indem Sie den Targetstick immer kürzer werden lassen, bis irgendwann nur noch der Finger übrig bleibt und schließlich auch der wegbleibt.

Feinheiten:

Um an den Feinheiten der FUSS-Arbeit zu feilen, eignet sich das freie Formen am besten. Damit können Sie der Übung den letzten Schliff geben. Dazu müssen wir zuerst überlegen, was genau wir von dem Hund wollen, wenn wir FUSS sagen. Er soll möglichst nah an unserem Bein gehen, auf der richtigen Höhe, also nicht zu weit vor oder zu weit hinter uns und er sollte uns angucken. Das ist es für's Erste. In Kapitel 3 kommen dann noch die Richtungs- und Tempowechsel hinzu, die er korrekt ausführen soll.

Aber bleiben wir zunächst bei den ersten drei Anforderungen. Wenn man übers freie Formen an solchen Feinheiten arbeitet, ist es wichtig, sich immer nur ein Kriterium vorzunehmen, um daran zu arbeiten. Zuerst arbeiten wir beispielsweise daran, dass der Hund auf der richtigen Höhe läuft. Dann wird auch wirklich nur dieser einzige Punkt beachtet. Alles andere kann man in dem Moment außer Acht lassen. Wenn der Hund verstanden hat, was Sie von ihm fordern, kommt als näch-

stes Kriterium Nummer 2, z. B. dass der Hund unser Knie berühren soll. Jetzt wird nur darauf geachtet, auch wenn das zuvor Geübte wieder schlechter gezeigt wird. Dann kommt Kriterium Nummer 3 an die Reihe, also dass der Hund uns angucken soll. Wieder werden die anderen beiden für eine Weile vernachlässigt, und sich nur auf das Gucken konzentriert. Auf diese Weise kann der Hund am besten heraus finden, was wir von ihm erwarten. Denken Sie daran, er versteht unsere Worte nicht. Mit dem Klicker haben Sie eine schöne Möglichkeit, sich auf einfache Weise mit dem Hund zu verständigen. Aber auch damit muss der Hund erst herausfinden, was Sie meinen. In jeder Sekunde macht der Hund nämlich mehrere Sachen gleichzeitig: Er trägt seinen Schwanz in einer bestimmten Höhe, seine Ohren, seinen Kopf, bewegt sich in eine bestimmte Richtung in einem bestimmten Tempo usw. Wenn er in einem solchen Moment den Klick hört, muss er erst einmal herausfinden, worauf sich das Klick jetzt bezogen hat. Er wird wahrscheinlich mehrere Sachen ausprobieren: War es der Schwanz oder das rechte Ohr, wie ich es gehalten habe, oder, oder.... Wenn Sie an mehreren Kriterien gleichzeitig arbeiten oder ständig wechseln, bevor der Hund verstanden hat, worum es geht, machen Sie es ihm unnötig schwer oder Sie verwirren ihn sogar. Konzentrieren Sie sich aber jedes Mal nur auf ein Kriterium, hat der Hund eine gute Chance, herauszufinden, was Sie meinen. Sie werden außerdem feststellen, dass der Hund in diesem Herausfinden immer besser wird. Er wird lernen zu lernen.

2. Bei Fuß auf der anderen Seite HAND

Diese Übung wird entsprechend aufgebaut wie Übung 1, nur dass der Hund hierbei auf der rechten Seite geht. Sagen Sie ihm immer das Kommando HAND, wenn er schön an seinem Platz geht. Hunden, die bisher nur gewohnt sind, auf der linken Seite zu gehen, fällt diese Übung zunächst etwas schwer. Sie wollen meist gerne wieder auf die bekannte Seite wechseln. Gehen Sie dann so vor, wie oben beschrieben, außer dass der Hund eben jetzt rechts geht. Schrauben Sie Ihre Anforderungen zunächst wieder weit zurück. Auch wenn der Hund links schon weite Strecken schön geht, wie es sein soll, beschränken Sie sich hier wieder auf wenige Schritte.

Wahrscheinlich werden Sie viel schneller vorwärts kommen, wie bei der ersten Übung. Aber Sie dürfen nicht erwarten, dass ein Hund, der links schön geht, das auch rechts kann, wenn man ihn nur auf die andere Seite holt. Für den Hund ist das etwas völlig anderes.

Wenn er auf der rechten -, der HAND-Seite genauso gut geht wie links, der FUSS-Seite, können Sie dazu übergehen, Wechsel von der einen zur anderen Seite zu trainieren. Geht Ihr Hund FUSS, halten Sie kurz an, geben das HAND-Kommando und gehen weiter, sobald der Hund die Seite gewechselt hat. Vielleicht müssen Sie ihm anfangs noch mal kurz Hilfestellung geben, indem Sie ihm mit der entsprechenden Hand die richtige Seite zeigen. Arbeiten Sie daran, diese Hilfe zügig abzubauen. Wenn der Hund die Seiten auf Kommando wechseln kann, wenn Sie stehen bleiben,

Petra mit Lotte auf der HAND-Seite.

Egal, ob links, rechts oder zwischen den Beinen ... Sie müssen es dem Hund nur beibringen.

versuchen Sie, den Stopp immer kürzer zu machen, irgendwann nur noch anzudeuten und schließlich ganz wegzulassen.

Verlangen Sie diese Wechsel für den Hund unvorhersehbar. Wir Menschen neigen immer dazu in eine bestimmte Regelmäßigkeit zu verfallen. Alle vier Schritte wird gewechselt oder Ähnliches. Der Hund durchschaut einen solchen Rhythmus sehr schnell. Irgendwann hört er dann nicht mehr auf das gegebene Kommando, sondern er zählt die Schritte, weil die ein Signal für ihn geworden sind. Üben Sie sich also darin, unberechenbar zu sein!

Sie sehen also, es ist ganz egal, ob der Hund rechts oder links an Ihren Beinen geht. Sie müssen es ihm nur entsprechend beibringen.

Auf ähnliche Weise kann er auch lernen zwischen Ihren Beinen zu gehen. (In unserem Beispieltanz kommt dieser Tanzschritt unter dem Kommando DRUNTER vor.) Locken Sie dafür den Hund zwischen Ihre Beine. Gehen Sie sehr behutsam und spielerisch dabei vor. Die meisten Hunde fühlen sich in dieser Position zunächst nicht sehr wohl. Achten Sie also genau darauf, was Ihr Hund Ihnen sagt. Zeigt er Zeichen von Stress und Unbehagen, wie z. B. Über-die-Schnauze-lecken oder Hecheln (wo es eigentlich gar nicht so warm ist), gewöhnen Sie ihn erst langsam an diese Übung. Wenn Sie ihm diese Aufgabe jedoch angenehm machen, indem er eben für gute Leckerchen oder ein schönes Spiel sich selber überwinden muss, ohne dass Sie ihn zwingen, wird er schnell lernen, dass es auch zwischen den menschlichen Beinen sehr schön sein kann.

So ist diese Übung von daher auch schon eine gute Vorübung für den Slalom durch die Beine, die weiter unten noch erklärt wird.

Fühlt der Hund sich zwischen Ihren Beinen richtig wohl (achten Sie auf seine Körpersprache!), führen Sie das Kommando ein und bauen Sie so nach und nach alle Hilfen ab. Zunächst bleibt also das Leckerchen oder das Spielzeug aus Ihrer Hand weg, Sie geben nur noch das Zeichen und belohnen anschließend aus der Tasche. Dann wird auch das Handzeichen immer mehr abgebaut, bis schließlich nur noch das Kommando übrig bleibt. Als Nächstes können Sie dann schon

FUSS, HAND und DRUNTER im Wechsel üben. Helfen Sie Ihrem Hund zunächst ruhig wieder, wenn Sie ihn z. B. aus der Bei-Fuß-Position zwischen Ihre Beine rufen. Das ist zunächst noch etwas neues für das Tier und Sie sollten dem Hund Erfolg verschaffen. Dasselbe gilt, wenn Sie die Übung aus einer anderen Übung heraus fordern. Sehen Sie das immer als ganz neue Übung an und helfen Sie dem Hund entsprechend. Sie können dann die Hilfen wahrscheinlich viel schneller abbauen und auf jeden Fall demotivieren Sie Ihren vierbeinigen Tanzpartner nicht durch Misserfolge.

3. FUSS oder HAND mit Drehungen, Schlangenlinien usw.
Wir wollen das Gelernte immer weiter verfeinern. Was im Folgenden erklärt wird, gilt sowohl für die FUSS- als auch die HAND-Seite, auch wenn es nicht extra erwähnt sein sollte. Üben Sie also alles auf beiden Seiten. So werden auch die entsprechenden Muskeln des Hundes gleichmäßig trainiert.

Zuerst müssen Sie jetzt noch einmal etwas unabhängig vom Hund lernen. Auch Sie müssen sozusagen Ihre Tanzschritte lernen. Sie machen dem Hund nämlich alles viel einfacher, wenn Sie für bestimmte Bewegungen auch dieselbe Schrittabfolge machen. Hunde reagieren nämlich viel stärker

*Wenn der Hund FUSS im Tanzschritt beherrscht, können Sie damit schon schöne
Figuren tanzen, wie Michaela und Silas hier zeigen.*

auf unsere Körpersprache als auf unsere Worte. Wir wollen uns in dieser Hinsicht zwar für das Tanzen nicht zu sehr festlegen, damit wir später auch unabhängig vom Hund tanzen können, aber einige Information über die Körpersprache ist auch oder gerade beim Tanzen sehr hilfreich.

So werden wir dem Hund z. B. beibringen, dass er bei FUSS mit uns geht, wenn wir unser linkes Bein zuerst bewegen, jedoch an seinem Platz wartet, wenn wir mit dem rechten Bein antreten. Dazu üben Sie ohne Ihren Hund z. B. wenn Sie im Supermarkt hinter dem Einkaufswagen herlaufen, dass der linke Fuß der erste und der letzte ist, der sich bewegt, wenn Sie ein Stück gehen.

Ist der Hund auf der Hand-Seite, ist es entsprechend Ihr rechter Fuß, der sich als erstes und als letztes bewegt. Immer das Bein, an dem sich der Hund gerade befindet, dient ihm zur Orientierung. Dieses Bein ist es auch immer, das die Richtung als erstes ändert.

So deutlich setzen Sie die Füße bei der Rechtswendung.

Gehen Sie mit dem Hund auf der linken Seite, sollte es also immer Ihr linker Fuß sein, der zuerst nach rechts bzw. links geht, wenn Sie die Richtung ändern wollen. Genau umgekehrt gilt es, wenn Sie den Hund auf der rechten Seite führen. Dann sollte Ihr rechter Fuß die Richtung angeben. Auch das üben Sie am besten im täglichen Leben ohne den Hund, bis es Ihnen in Fleisch und Blut übergeht.

Dann nehmen Sie Ihren vierbeinigen Partner dazu, und Sie haben jetzt für ihn eine einfache und klare Möglichkeit der Verständigung.

Bauen Sie nun Winkel in Ihre FUSS- bzw. HAND-Arbeit ein, wobei Sie genau auf Ihre Fußstellung achten

sollten, um es dem Hund einfacher zu machen. Auch Schlangenlinien können Sie einbauen und kurze Wendungen.

Wenn die Richtungswechsel in normalem Tempo gut klappen, gestalten Sie das Üben dann noch abwechslungsreicher, indem Sie auch noch unterschiedliche Geschwindigkeiten einbauen. Helfen Sie dabei ruhig zunächst dem Hund noch einmal, indem Sie Leckerchen oder Spielzeug als Lockmittel einsetzen. Es ist für ihn nämlich ganz schön schwierig, in der richtigen Position zu gehen, wenn Sie laufen oder wenn Sie ganz langsam gehen. Helfen Sie ihm also, um von Anfang an Fehler zu vermeiden.

Gehen Sie auch ruhig einmal im Tanzschritt, z. B. wie beim Foxtrott. Ihr Hund sollte schön neben Ihnen gehen, egal wie Sie sich bewegen. Das müssen Sie also mit ihm üben, damit er das auch versteht. Setzen Sie nicht voraus, was Sie nicht auch wirklich mit dem Hund geübt haben!

Allein mit einer guten FUSS-Arbeit können Sie schon richtig mit dem Hund tanzen. Michaela zeigt es auf den Abbildungen. Sie dreht sich um die eigene Achse und Silas folgt schön FUSS, tanzt also wirklich schon mit. Wenn Sie dasselbe noch auf der HAND-Seite trainieren, können Sie schon mit diesen wenigen Elementen einen schönen Tanz gestalten. Das ist dann die Grundlage für all die Elemente, die wir im Folgenden noch vorstellen werden und die Sie je nach Können und Gefallen Ihrem Tanz zufügen können.

4. Der Hund befindet sich vor dem Hundeführer und folgt ihm, während dieser rückwärts geht   VOR

Diese Übung war eine Möglichkeit, ein freudiges Bei-Fuss-Gehen einzuleiten. Eventuell kennen Ihr Hund und Sie diesen Tanzschritt also schon im Ansatz. Machen Sie Ihren Hund, der vor Ihnen steht oder sitzt, mit Leckerchen oder Spielzeug auf sich aufmerksam. Ist er konzentriert bei Ihnen, und

wirklich erst dann (!) gehen Sie einige Schritte rückwärts, wobei Sie darauf achten sollten, die Aufmerksamkeit des Hundes zu halten. Für den Anfang genügen schon 3 - 4 Schritte. Wenn der Hund Sie schön anschaut, bekommt er ein Klick und ein Leckerchen bzw. kurzes Spiel mit dem Spielzeug.

Wenn der Hund verstanden hat, was von ihm erwartet wird, nämlich, dass er Ihnen schön dicht folgt und Sie währenddessen ansieht, wird so nach und nach die in dieser Art zu gehende Strecke verlängert. Denken Sie daran, die Übung für den Hund immer span-

Lisa und Darja bei ihrem Tanz »Pat und Patachon«.

nend zu machen. Steigern Sie die Länge der Strecke daher nicht kontinuierlich, sondern verlangen Sie immer unterschiedliche Längen. Mal bekommt der Hund seine Belohnung nach drei Metern, mal nach fünfzehn, dann auch mal nach einem (!) usw. Wichtig ist es aber, dass Sie die Länge nur so lang wählen, dass Ihr Hund auch Erfolg haben kann. Das bedeutet, wenn Sie unter ablenkungsarmen Bedingungen schon mal fünfzig Meter geschafft haben, dass Sie sich für die Arbeit unter Ablenkung z. B. schon wieder mit höchstens drei Metern zufrieden geben.

Bauen Sie die Übungen immer so auf, dass Ihr Hund Erfolg hat! Das ist nicht nur motivierend. So werden auch immer die gewünschten Verknüpfungen im Gehirn gebildet. Bauen Sie die Übungen hingegen so schwer, dass Ihr Hund Fehler macht, sorgt das für Verknüpfungen, die wir nicht so gerne haben, in diesem Fall z. B. dass der Hund wegsieht. Besser ist es, er lernt in dieser Position erst gar nicht, dass man als Hund dann überhaupt wegsehen kann.

Helfen Sie ihm daher immer wieder. Sie werden feststellen, dass sich das auf die Dauer bezahlt macht. Meinen Sie nur nie zu früh, Ihr Hund müsste eine bestimmte Übung schon können. Das ist falscher Ehrgeiz und schadet mehr als er nützt.

Wenn der Hund das gewünschte Verhalten schön zeigt, geben Sie das Kommando VOR dazu. So nach und nach werden dann wieder die Hilfen abgebaut. Ziel ist es, dass Sie mit Ihren Armen egal was machen können, der Hund Ihnen aber immer dicht folgt. Das sollte er auch unabhängig von Ihrem Schritt tun, also egal ob Sie gehen, laufen oder tanzen.

Für kleine Hunde eignet sich auch für diese Übung das Trainieren mit dem Targetstick. Das hat den Vorteil, dass Sie sich nicht zu dem Hund herunter bücken müssen. Das schont zum einen Ihren Rücken, zum anderen macht es die Aufgabe für den Hund einfacher. Ein Über-sie-Beugen empfinden Hunde nämlich als Bedrohung. Es könnte für den Hund dann unangenehm sein, Ihnen zu folgen.

Hat er jedoch gelernt, dem Targetstick zu folgen, können Sie ganz aufrecht rückwärts gehen, den Target vor sich halten, so dass Ihr Hund dicht zu Ihnen herankommen muss und in einer solchen Höhe, dass er Sie automatisch anguckt. Lassen Sie sich nicht verwirren, wenn der Hund ja zunächst nur den Target ansieht. Das ist schon in Ordnung für diesen Schritt in der Ausbildung.

Wenn der Hund die Übung auf diese Weise verstanden hat, gilt es wieder die Hilfe nach und nach auszuschleichen, bis er Ihnen schließlich nur auf Ihr Kommando hin schön dicht folgt und Sie ansieht.

Schritt 1: Locken Sie den Hund hinter sich her. Wenn er sich in der richtigen Position befindet, geben Sie das Kommando VOR dazu.

Schritt 2: Steigern Sie die Strecken, die Ihr Hund auf diese Weise gehen muss und wechseln Sie zur variablen Belohnung.

Schritt 3: Bauen Sie die Hilfen nach und nach ab, bis der Hund Ihnen schließlich auf das Kommando hin folgt, unabhängig von dem, was Sie tun.

Schritt 4: Üben Sie das VOR aus allen möglichen Positionen heraus, so dass es für den Hund schließlich bedeutet: Unabhängig, wo er sich gerade befindet, wenn er das Wort VOR hört,

soll er sich frontal zu seinem Hundeführer begeben und ihm in dieser Position folgen.

5. Dasselbe andersherum: Der Hund geht rückwärts, der Mensch vorwärts   ZURÜCK

Variante 1:

Für diese Übung hat sich die Nutzung einer Gasse bewärt. Konstruieren Sie aus einigen Flaschen und zwei Seilen zwei Begrenzungen, so dass eine ca. einen halben Meter breite Gasse entsteht.

Führen Sie den Hund zunächst einfach einige Male hindurch, damit er sich daran gewöhnen kann. Wenn ihm diese Begrenzung selbstverständlich geworden ist, führen Sie ihn - wie in der vorherigen Übung beschrieben - in

Beate und Girlie bei ihrem Tanz, Girlie zeigt ein perfektes Rückwärtsgehen.

die Gasse hinein: Sie gehen also rückwärts, Ihr Hund folgt Ihnen schön dicht vorwärts. In der Gasse bleiben Sie stehen. Viele Hunde setzen sich darauf erst einmal hin. Hier muss der Hund aber zunächst lernen, stehen zu bleiben. Wenn er das Kommando STEH kennt, können Sie damit das Vorsitzen verhindern. Kennt er es nicht, fangen Sie am einfachsten wieder mit dem Klicker den Moment des Stehens ein. Üben Sie das ruhig einige Male: in die Gasse hinein gehen, stehen bleiben, den Hund dafür loben und

in derselben Richtung weiter gehen.

Erst wenn der Hund das sicher kann, folgt der nächste Schritt, nämlich der erste Schritt des Hundes rückwärts. Setzen Sie dazu vorsichtig ein Bein zwischen die Vorderbeine des Hundes. Achten Sie dabei unbedingt darauf, nicht Ihren Oberkörper vorzubeugen! Wir wollen den Hund nämlich nicht bedrohen. Auf diese Weise würde das Rückwärtsgehen bei den allermeisten Hunden auch funktionieren, weil sie dieser Bedrohung dann ausweichen. Es ist aber für die Hunde

Wenn der Hund an die Gasse gewöhnt ist, lernt er erst das Stehenbleiben.

Hier zeigt Mandy den Schritt, der den Hund zum Rückwärtsgehen animiert.

denkbar unangenehm. Wir wollen aber, dass er Spaß hat. Also werden wir bei dieser Übung so vorsichtig wie möglich vorgehen. Dazu gehört, dass Ihr Oberkörper aufrecht oder sogar eher etwas hinten bleibt. Gehen Sie dazu am besten leicht in die Knie. Achten Sie außerdem darauf, den Hund hier nicht direkt anzugucken. Auch das wirkt bedrohlich. Sehen Sie also an dem Hund vorbei, aber behalten Sie ihn dennoch genau im Augenwinkel. Wenn Ihr Bein nun vorgeht und der Hund seinen ersten Schritt rückwärts macht, loben Sie ihn, als hätte er ein Weltwunder vollbracht. Hier ist wieder genau der richtige Zeitpunkt wichtig. Daher ist es am besten, einen sekundären Verstärker wie eben den Klicker zu verwenden. Genau die Rückwärtsbewegung gilt es nämlich zu verstärken. Wenn der Hund wieder alle vier Füße auf dem Boden hat, ist es zu spät!

Die ersten drei bis vier Mal genügt wirklich ein Schritt des Hundes. Wenn Sie im Timing gut sind, hat er dann verstanden, worum es geht und Sie können Schritt für Schritt mehr verlangen.

Durch das behutsame Vorgehen, wird jeder Stress für den Hund weitgehend vermieden. Er bleibt damit gut konzentriert und lernfähig. Damit hat er meist schon nach nur wenigen Wiederholungen verstanden, was Sie von

ihm wollen. Ist er entsprechend motiviert, wird er es auch gerne tun.

Ein gestresster Hund hingegen kann nicht lernen. Das Lernen wird in dem Moment, wenn jemand gestresst ist, von den Vorgängen im Körper blockiert. Es sind dann natürlich viel viel mehr Wiederholungen nötig und selbst dann ist noch unwahrscheinlich, dass der Hund wirklich gelernt hat, was er soll.

Wahrscheinlich hat er nur gelernt, wie er sich dieser stressigen Situation durch Rückwärtsgehen am besten entziehen kann.

Denken Sie auch daran, in der Anfangsphase dieser Übung noch kein Kommando zu verwenden. Wir Menschen neigen nämlich dazu, dem Hund mit Worten klarmachen zu wollen, was wir von ihm wollen. Er versteht uns aber nicht. Sie nutzen sich das Kommando damit nur ab. Warten Sie besser, bis der Hund schon einige Schritte rückwärts geht und geben Sie dann erst das Kommando. So kann der Hund auch das Richtige verknüpfen, nämlich das Rückwärtsgehen mit dem Wort ZURÜCK. Und hat er das dann nach vielen Wiederholungen verknüpft, dann – aber auch erst dann – versteht er, was Sie meinen, wenn Sie ZURÜCK sagen.

Die Gasse in dieser Übung soll verhindern, dass der Hund seitlich ausweicht. Das ist natürlich wieder eine

Hilfe, die allmählich abgebaut werden muss. Das erreichen Sie dadurch, dass Sie die Seile auf beiden Seiten immer tiefer befestigen, bis sie dann bald nur noch auf dem Boden liegen und schließlich ganz wegbleiben.

Der Vorteil am Arbeiten mit Gasse liegt darin, dass Sie dem Hund bei dieser schwierigen Übung von Anfang an mehr Erfolge verschaffen. Er lernt außerdem, mit bestimmten Hilfen umzugehen, was auch spätere Übungen deutlich vereinfachen wird.

Schritt 1: Führen Sie den Hund zunächst einige Male durch die Gasse, bis er sich daran gewöhnt hat.

Schritt 2: Führen Sie den Hund durch die Gasse, indem Sie rückwärts gehen und der Hund Ihnen folgt.

Schritt 3: Bleiben Sie in der Gasse stehen und lassen Sie auch den Hund stehen. Gehen Sie dann weiter in der ursprünglichen Richtung.

Schritt 4: Beginnen Sie wie im 3. Schritt. Aus dem Stand setzen Sie einen Schritt zwischen die Vorderbeine des Hundes, um ihn zum Rückwärtsgehen zu animieren. Loben Sie ihn schon nach dem ersten Schritt überschwänglich.

Schritt 5: Erst wenn der Hund verstanden hat, worum es geht, steigern Sie ganz allmählich die Zahl der Schritte, die er rückwärts gehen soll. Führen Sie jetzt das Kommando ZURÜCK ein.

Schritt 6: Schleichen Sie nach und nach die Hilfe aus, indem Sie die Gasse immer unauffälliger bauen, bis sie schließlich ganz weg ist.

Variante 2:

Sie können diese Übung auch mit zwei Besenstielen oder Reitgerten oder Ähnlichem aufbauen. Der Übungsablauf entspricht ansonsten dem, wie oben beschrieben ab Schritt 2. Da Sie die Hände aber jetzt beide mit diesen künstlichen Verlängerungen voll haben, sollte der Hund Ihnen schon gut folgen, die VOR-Übung also schon

Die Stangen als verlängerte Arme hindern den Hund am seitlichen Ausweichen.

46

beherrschen. Hier werden die Hilfen dann abgebaut, bis nur noch die Hände als Hilfen übrig bleiben, bzw. auch diese Hilfe schließlich ganz abgebaut ist.

Variante 3:

Eine andere Möglichkeit ist die, dass Sie ganz ohne seitliche Begrenzung arbeiten. Wenn der Hund dann verstanden hat, dass er rückwärts gehen soll, besteht der nächste Ausbildungsschritt darin, dass er gerade rückwärts gehen soll. Arbeiten Sie auch hier wieder nur an einem Kriterium zur selben Zeit!

Hat der Hund verstanden, was ZURÜCK bedeutet, bringen Sie ihm noch bei, dass er auf dieses Kommando hin auch rückwärts geht, wenn Sie stehen bleiben oder auch wenn er sich neben Ihnen befindet. Für den Hund ist das nämlich nicht dasselbe.

6. Achterbahn um die Beine
ACHTER

Hierbei läuft der Hund in einer Achterlinie um Ihre beiden Beine. Sie können ihm diese Übung gut durch Locken mit Futter oder Spielzeug, oder aber – vor allem wieder bei kleinen Hunden – mit dem Targetstick beibringen.

Stellen Sie sich mit leicht gegrätschten Beinen hin. Der Hund befindet sich links neben Ihnen. Halten

Michaela und Silas schwingen im Takt.

Sie in jeder Hand ein Leckerchen. Locken Sie den Hund zunächst mit der rechten Hand von vorne nach hinten unter Ihren Beinen durch, dann außen um das rechte Bein herum, bis nach vorne. Dort übernimmt die linke Hand, lockt den Hund wieder nach hinten um das linke Bein herum usw. Ihre Hände kommen dabei immer von hinten, damit Sie das bedrohliche nach vorne Beugen vermeiden können. Am besten üben Sie zunächst Ihre Aufgabe ohne den Hund. Erst wenn Ihre Hände einen gedachten Hund schön fließend durch Ihre Beine führen, ohne dass Sie noch überlegen müssen, welche Hand was macht, dann nehmen Sie Ihren echten Partner dazu.

Bei dieser Variante ist der sekundäre Verstärker nicht so wichtig. Da Sie Ihre mit Leckerchen geladene Hand sowieso immer vor der Hundenase haben, sind Sie auch schnell genug mit der Belohnung, wenn Sie die Hand einfach öffnen.

Belohnen Sie den Hund anfangs schon nach nur wenigen Schritten. Zuerst genügt schon das Gehen von vorne nach hinten, um an das Leckerchen zu kommen. Steigern Sie die Anforderungen also wieder langsam, bis Sie den Hund die ganze Acht

Lisa zeigt Navajo den Weg.

führen können, bzw. dann bald auch schon mehrere Achten hintereinander. Seien Sie aber auch in dem Stadium der Ausbildung so flexibel, dass Sie Ihren Hund zwischendurch immer mal wieder sogar nach nur wenigen Schritten belohnen. Sie wissen ja: Das macht die Arbeit spannend!

Wenn der Hund sich schön fließend in dieser Weise um Ihre Beine führen lässt, geben Sie in dem Moment, in dem Sie Ihre Beine grätschen, das Kommando ACHTER. Lassen Sie dann auch die Leckerchen aus den Händen weg und belohnen Sie statt dessen mit Klicker oder Lobwort. Wenn Sie das oft genug wiederholt haben, dass der Hund auch die entsprechende Verknüpfung bilden konnte, warten Sie mit der Hilfestellung durch Ihre Hände einen kurzen Augenblick. Hat der Hund schon verstanden, was jetzt von ihm erwartet wird oder noch nicht? Wenn nicht, wiederholen Sie die Übung weiter. Versuchen Sie auch hier die Hilfen auszuschleichen, indem Sie dem Hund nur noch andeutungsweise den Weg zeigen. Schließlich dienen nur noch die gegrätschten Beine als Zeichen; allerdings auch nur in Zusammenhang mit dem Kommando. Es kann ja durchaus sein, dass Sie mal die Beine grätschen wollen, ohne dass der Hund sofort Achter läuft. Das zu unterscheiden, bringen Sie dem Hund bei, indem Sie ihn belohnen, wenn Sie das Kommando gegeben haben und er es ausführt, ihn hingegen nicht belohnen, wenn er das Verhalten ohne Ihr Kommando zeigt. Mit der Zeit wird das Kommando das Signal, wann es sich eben lohnt, für die Belohnung zu arbeiten. Ohne Kommando wird der Hund nur seine Energie verschwenden. Und das macht er nicht lange. Wenn der Hund diesen Unterschied gelernt hat, sind Sie auf dem besten Weg, dieses bestimmte Verhalten unter **Signalkontrolle** zu bringen. Ein Verhalten unter Signalkontrolle zu haben, bedeutet, dass der Hund es immer zeigt, wenn er das entsprechende Kommando bekommt, dass er es nicht zeigt, wenn er das entsprechende Kommando nicht bekommt und dass er dieses Verhalten nicht auf ein anderes Kommando hin zeigt. Das ist eigentlich das Ziel, was wir mit allen Übungen erreichen wollen; ein Ziel, das aber eine Menge Arbeit bedeutet und nicht von heute auf morgen erreicht wird.

Schritt 1: Locken Sie den Hund mit Spielzeug oder Leckerchen zunächst von vorne nach hinten durch Ihre Beine. Ihre Hand kommt dabei von hinten. Belohnen Sie ihn für diese Übung.

Schritt 2: Nun locken Sie ihn von vorne nach hinten und außen am Bein vorbei wieder nach vorne.

Schritt 3: Locken Sie ihn dann die klappt, kurz vorher das Kommando ACHTER.

Schritt 4: Bauen Sie die Hilfen ab, bis der Hund nur auf Kommando hin das gewünschte Verhalten zeigt. Sie vereinfachen dem Hund die Übung, wenn Sie Ihr Gewicht immer auf das Bein verlagern, das der Hund gerade umrunden soll.

Aus dieser Übung können Sie eine weitere aufbauen, indem Sie sich, wenn der Hund den ACHTER sicher beherrscht, aus dem Stand heraus vorwärts oder auch rückwärts bewegen. Der Hund wird sich dann weiter in Achter-Manier um Ihre Beine drehen, Sie erhalten jedoch eine wirklich kompliziert aussehende Vorwärts- bzw. Rückwärtsbewegung. Anders als einfach nur beim Slalom dreht sich der Hund zusätzlich dann nämlich noch jeweils um die Beine. Um das richtig zu zeigen, müssten wir hier ein Video laufen lassen können. Probieren Sie es einfach mal aus, dann werden Sie den Unterschied zum SLALOM erkennen. Machen Sie zunächst erst sehr kleine Schritte, die Sie je nach Fortschritt Ihres Hundes immer weiter vergrößern, bis Sie sich schließlich ganz normal vorwärts oder auch rückwärts bewegen.

7. Im Slalom durch die Beine vorwärts   SLALOM

Bei dieser Übung läuft der Hund, wäh-

Michaela und Silas beim Slalom vorwärts durch die Beine.

rend Sie ganz normal vorwärts gehen, im Slalom durch Ihre Beine mit. Obwohl man auch diese Übung selbstverständlich übers freie Formen einstudieren kann, empfiehlt es sich hier auch wieder, dem Hund zu helfen, indem wir ihn locken. Das geht entweder mit Leckerchen, mit Spielzeug oder mit Targetstick.

Wenn Ihr Hund die Achterbahn um die Beine schon kennt, wird er keine Probleme haben, jetzt in dieser für ihn noch neuen Form durch Ihre Beine zu laufen. Kennt er dagegen die vorherige Übung noch nicht, müssen Sie anfangs

oft noch etwas Geduld haben. Der Hund braucht schon einiges an Vertrauen, um so einfach durch Ihre Beine zu laufen und das auch noch während Sie gehen!

Wenn Sie aber auch hier die Übungsschritte entsprechend klein machen, dem Hund also viele Erfolgserlebnisse bescheren, wird er schnell Spaß an diesem Tanzschritt haben. Die meisten Hunde, die wir bisher erlebt haben, lieben den Slalom, wenn sie ihn einmal können.

Und so bauen Sie diese Übung auf:

Sie haben den Hund an Ihrer linken Seite. Nun gehen Sie mit Ihrem rechten Fuß einen Schritt nach vorne und bleiben mit so zum Schritt geöffneten Beinen stehen. Locken Sie den Hund jetzt mit Ihrer rechten Hand durch die Beine durch auf die andere Seite. Versuchen Sie Ihren Oberkörper möglichst aufrecht zu halten. Schon für diesen ersten Teilschritt wird der Hund die ersten Male ausgiebigst gelobt. Spielen und toben Sie mit Ihrem vierbeinigen Freund. Am besten noch im Spiel locken Sie ihn wieder wie oben beschrieben durch Ihre Beine hindurch und weiter geht das Spiel! Sie können ihn auch von rechts nach links führen. Dann sollte Ihr linker Fuß vorne sein. Wiederholen Sie diese Übung auf diese Weise so lange, bis der Hund wie selbstverständlich durch Ihre zum Schritt geöffneten Beine hindurch

Heike zeigt hier mit Amira, wie der Hund anfangs durch die Beine gelockt wird.

läuft. Ein Kommando geben Sie in diesem Stadium der Ausbildung noch nicht. Denn wir haben ja noch nicht das endgültige Verhalten, was wir dann mit dem Kommando verknüpfen können. Also gedulden Sie sich noch eine Weile, auch wenn es schwer fällt. Es ist nur allzu menschlich, dass man meint, durch das Kommando würde man dem Hund helfen. Aber er versteht es ja nicht. Er spricht eben eine andere Sprache. Das ist nicht schlimm; denn wir werden ihm im Laufe der Ausbildung viele Worte beibringen. Aber dafür müssen Sie sich an

bestimmte Regeln halten. Der Hund kann erst lernen, was ein bestimmtes Kommando bedeutet, wenn es eben oft genug mit dem Verhalten verknüpft wird. Und dazu müssen wir das Verhalten, um das es geht, erst einmal haben. Daran arbeiten wir also jetzt.

Im nächsten Übungsschritt bewaffnen Sie Ihre beiden Hände mit Leckerchen oder Spielzeug und locken den Hund nun von links nach rechts und anschließend gleich wieder von rechts nach links, wenn Sie einen Schritt nach vorne gemacht haben. An dieser Stelle sollte wieder ein ausgiebiges Lob folgen. Wiederholen Sie auch diesen Übungsschritt so lange, bis er schön fließend klappt.

Dann ist es an der Zeit, auf variable Belohnung umzustellen. Das bedeutet für diese Übung, dass der Hund unterschiedlich oft zwischen Ihren Beinen hindurchlaufen muss, bevor Sie ihn belohnen. Ein Beispiel für ein Belohnungsschema könnte folgendermaßen aussehen: erst einmal, dann zweimal, dann einmal, dann dreimal, dann viermal, dann wieder einmal, dann dreimal, dann zweimal, dann einmal, dann viermal usw. Ein Hund kann nicht zählen wie wir. Daher macht es für ihn bei entsprechender Motivation keinen Unterschied mehr, ob er sich viermal oder zehnmal um unsere Beine schlängelt. Sie sollten in Ihrer Art, den Hund zu belohnen, für ihn unberechenbar sein. Bemühen Sie sich, nicht in ein bestimmtes Schema zu verfallen. Vor lauter Konzentration auf die Häufigkeit der gezeigten Übung dürfen Sie aber auch die Qualität nicht außer Acht lassen! Wenn der Hund also eigentlich fünfmal hin- und herschlängeln sollte, es aber beim dritten Mal ausgesprochen gut macht, belohnen Sie ihn ruhig dann schon. Seien Sie also immer flexibel! Jetzt ist es auch an der Zeit, das Kommando einzusetzen. Kurz bevor Sie die Hilfen geben, sagen Sie SLALOM. Die Hilfen bauen Sie wieder nach und nach ab. Durch gelegentliches Herauszögern der Hilfen werden Sie feststellen, ob der Hund schon verstanden hat, was er tun soll. Wenn nicht, helfen Sie ihm noch eine Weile. Wenn Sie die Übung so spannend für den Hund machen, indem Sie ausgesprochen begehrte Motivationsmittel verwenden, wird er nicht mehr auf die Hilfen warten, wenn er erst verstanden hat, was er tun soll.

Schritt 1: Locken Sie den Hund von links nach rechts unter Ihren zum Schritt gestellten Beinen durch.

Schritt 2: Machen Sie diese Übung entsprechend von rechts nach links, wobei nun Ihr linker Fuß vorne ist.

Schritt 3: Bauen Sie jetzt Schritt für Schritt einen immer längeren Slalom auf. Jetzt kommt auch das Kommando dazu.

Schritt 4: Die Hilfen werden wieder allmählich abgebaut, bis nur noch das Kommando SLALOM das richtige Verhalten auslöst.

Was man aus dem Slalom noch alles machen kann:

Hat der Hund das Prinzip des Slalom erst einmal verstanden, können Sie alleine daraus schon wieder viele weitere Übungen entwickeln, die kaum noch Ausbildung für den Hund erfordern, sondern eher Ihre Fantasie.

Einige Beispiele wollen wir Ihnen hier zeigen:

Seitwärtssalom:

Hierbei gehen Sie anstatt vorwärts seitwärts. Nehmen wir an, Sie haben den Hund auf Ihrer linken Seite. Kreuzen Sie nun Ihr rechtes Bein deutlich über das linke mit dem Kommando SLALOM. Der Hund wird zwischen Ihren Beinen durchschlupfen. In dieser Zeit setzen Sie Ihr linkes Bein deutlich zur Seite und der Hund wird als nächstes darum schlängeln, weil er schon in diese Richtung ausgerichtet ist. Sie werden sehen, Ihr Hund kann das ganz schnell. Sie haben aber vor allem mit entsprechender Armbewegung wieder einen völlig neuen Tanzschritt.

Auch hierbei gibt es wieder mehrere Möglichkeiten, es dem Hund beizubringen. Haben Sie oder Ihr Hund auf diese Weise Schwierigkeiten, versuchen Sie es in die andere Richtung. Sie

Eine weitere Möglichkeit: der Seitwärts-Slalom.

haben also den Hund an Ihrer linken Seite und machen mit dem rechten Bein einen deutlichen Schritt nach rechts mit dem Kommando SLALOM. Erst dann kommt der Schritt, wo Sie Ihre Beine kreuzen. Manche Hunde verstehen das eine besser, andere das andere. Man kann wie überall schlecht ein Patentrezept geben. Lernen Sie einfach, auszuprobieren und für sich und den Hund die beste Möglichkeit zu finden.

Eine andere Variante für den Seitwärtsslalom sieht so aus, dass Sie sich beim Seitwärtsgehen immer um 180° drehen. Sie haben den Hund diesmal an der rechten Seite und grätschen Ihre Beine mit dem Kommando SLALOM. Ist der Hund um Ihr rechtes Bein herum geschlängelt, drehen Sie sich über Ihren linken Fuß, so dass Sie in die entgegengesetzte Richtung gucken, dann drehen Sie sich wieder über Ihren rechten Fuß, dass Sie wieder in die ursprüngliche Richtung sehen und immer so weiter. Halten Sie dabei Ihre Beine immer gut gegrätscht und der Hund wird sich um ein Bein nach dem anderen schlängeln, egal in welcher Richtung Sie gucken.

Für manche Hunde ist es nicht unbedingt dasselbe, ob Sie nun vorwärts oder seitwärts gehen. Es kommt eben immer darauf an, was der Hund mit dem jeweiligen Kommando verknüpft. Das können wir leider kaum beeinflussen. Der eine verknüpft SLALOM mit: Man schlängelt sich um egal was einem vor die Füße kommt! Mit den Hunden hat man es dann relativ einfach.

Die anderen lernen aber: Bei SLALOM schlängele ich mich um Frauchens oder Herrchens Beine, wenn die sich schön nach vorne bewegen. Machen die Beine auf einmal etwas anderes, ist das für mich kein SLALOM mehr.

Diesen Hunden muss man unter Umständen jede neue Variation des Slaloms wieder neu erklären. Diesen Hunden macht man es vielleicht auch einfacher, wenn immer ein anderes Kommando für die einzelnen Variationen gegeben wird. Das sind Dinge, die müssen Sie für sich und Ihren Hund austesten. Es gibt eben kein Patentrezept, nach denen alle Hunde in der gleichen Art das gleiche lernen!

Eine weitere Slalomvariante sieht so aus, dass Sie rückwärts gehen, Ihr Hund sich aber vorwärts um Ihre Beine schlängelt. Dazu nehmen Sie den Hund zunächst Bei Fuß. Lassen Sie ihn so stehen, während Sie sich um 180° drehen. Der Hund befindet sich jetzt also sozusagen falsch herum auf Ihrer linken Seite. Gehen Sie nun mit Ihrem rechten Bein einen Schritt zurück, so dass der Hund sich auf Ihre rechte Seite schlängeln kann. Dann geht Ihr linkes Bein zurück usw.

Das schwierige an dieser Übung ist eigentlich wieder nur der Anfang, bis Sie den Hund im Laufen haben. Dann geht wieder fast alles von alleine.

Auch hierbei sollten Sie darüber nachdenken, ob Sie ein eigenes Kommando für diese Übung wählen. Wenn der Hund das dann verstanden und verallgemeinert hat, können Sie ihn damit aus jeder Position in diesen Slalom dirigieren. Verwenden Sie hingegen nur das Wort SLALOM, sollten Sie den Hund bevor Sie das Kommando geben, in der entsprechenden Ausgangsposition haben, was jedoch auch ohne weiteres im Tanz möglich ist. Sie sollten sich nur darüber im Klaren sein.

Als Nächstes können Sie den Slalom noch immer wieder anders gestalten, indem Sie sich unterschiedlich bewegen. So können Sie normal gehen, Sie können aber z. B. auch hüpfen und Ihre Knie dabei immer sehr hoch nehmen. Auch das macht im Endeffekt für den Hund keinen großen Unterschied in der Übung, sieht aber für das Publikum wieder völlig anders aus.

Sie sehen: Allein mit dem Slalom gibt es sehr, sehr viele Möglichkeiten, wobei wir längst nicht alles beschrieben haben. Mit etwas Fantasie fallen Ihnen vielleicht noch weitere Varianten ein.

8. Der Hund dreht sich um die eigene Achse nach links und rechts TANZEN und DREH DICH

Diese Übung eignet sich wieder hervorragend für das freie Formen. Auch wenn das am Anfang ein Geduldsspiel ist, zahlt sich das bestimmt im Endeffekt aus. Einer unserer Kursteilnehmer hat bis zur ersten Drehung mit dem freien Formen 6 Wochen gebraucht. Diese Zeit schien ihm ewig, aber er hat durchgehalten. Viele schaffen es schneller. Wir hatten aber noch niemanden, der sich mit Hilfestellung das Verhalten erarbeitet hat (das klappt meist auf Anhieb!), und in dieser Zeit,

also innerhalb von 6 Wochen, in der Lage war, nur auf Kommando hin, das Drehen um die eigene Achse zu erhalten. Oft schaffen es die Leute dann gar nicht, ganz auf die Hilfestellung verzichten zu können.

Wenn das freie Formen also zunächst auch sehr langwierig erscheint, haben Sie einfach Geduld und ziehen es durch. Die Belohnung ist nicht nur, dass Sie nachher ohne Hilfestellung auskommen; es ist auch eine sehr schöne Erfahrung, wenn man es dann endlich geschafft hat.

Beginnen wir also mit dem freien Formen:

Michaela und Silas tanzen.

Variante 1:

Üben Sie wenn möglich anfangs immer an der selben Stelle. Das macht es dem Hund einfacher. An dieser Stelle üben Sie dann nur dieses eine Verhalten. Entscheiden Sie sich zunächst für eine Richtung. Die behalten Sie dann auch bei. Es empfiehlt sich, für die Ausbildung ein Trainingstagebuch zu führen. Darin werden solche Sachen notiert. Da hinein gehören auch die verschiedenen Kommandos.

Wichtig ist nämlich, dass man ein einmal gewähltes auch beibehält. Sollten Sie sich für andere Kommandos entscheiden, als die, die wir gewählt haben, notieren Sie sie sich am besten.

In diesem Tagebuch können Sie auch notieren, bei welchem Belohnungsschema Sie bei den einzelnen Übungen sind. Gerade beim Tanzen mit dem Hund müssen Sie sich eine solche Menge an Einzelheiten merken, dass Sie all diese Dinge am besten schriftlich festhalten.

Nun aber zurück zu Ihrer Übungsstelle für das TANZEN. Der Hund soll sich dafür links herum um die eigene Achse drehen. Stellen Sie sich das wieder als Daumenkino vor. Die einzelnen Zwischenschritte fangen Sie wieder mit dem Klicker ein. Zunächst klicken Sie also schon, wenn der Hund nur ganz leicht nach links schaut. Wenn er das verlässlich macht, um an seine Belohnung zu kommen, erhöhen Sie die Anforderungen. Jetzt muss er den Kopf also schon deutlicher nach links wenden, um

So lässt sich Schritt für Schritt das Drehen um die eigene Achse frei formen.

ein Klick zu hören.

Auf diese Weise werden die Anforderungen Stück für Stück erhöht, bis der Hund sich vollständig um die eigene Achse gedreht hat. Es gibt Hunde, da müssen Sie zentimeterweise vorgehen. Aber denken Sie daran, die Geduld lohnt sich. So brauchen Sie später keine Hilfen abzubauen.

Wenn der Hund an Ihrem Übungsplatz sich schließlich ziemlich sicher dreht, wenn Sie Klicker und Leckerchen zur Hand nehmen, dann ist es an der Zeit, das Kommando einzuführen. Geben Sie es, wenn er zur Drehung ansetzt. Jetzt sollten Sie auch zusätzlich an anderen Orten üben, damit der Hund diese Übung verallgemeinert. Versuchen Sie, ob Ihr vierbeiniger Tanzpartner das Kommando schon mit dem Verhalten verknüpft hat. Vermeiden Sie allerdings, das Kommando öfter als einmal zu geben. Schließlich wollen wir, dass der Hund aufs Wort folgt, und nicht erst nach etlichen Wiederholungen. Also bringen wir ihm das auch so bei. Wenn er also noch nicht auf Anhieb folgt – vorausgesetzt, die Motivation stimmt – hat er das Verhalten entweder noch nicht mit dem Kommando verknüpft oder er hat es noch nicht verallgemeinert. Er hat also noch nicht gelernt, dass das Kommando auch an anderen Orten gilt. Also gehen Sie dann wieder in Ihren Anforderungen zurück und

klicken ein leichtes Nach-links-Drehen des Kopfes, usw., bis Sie die ganze Drehung wieder geformt haben. Sie werden sehen, es geht jetzt viel schneller als beim ersten Mal. Vielleicht müssen Sie das dann an mehreren Stellen wiederholen, bis der Hund wirklich verallgemeinert hat. Erfahrungsgemäß lieben aber die meisten Hunde diese Übung, wenn sie sie erst einmal beherrschen. Sie zeigen sie also sehr gerne.

Variante 2:

Sie können dem Hund auch beibringen, sich um die eigene Achse zu drehen, indem Sie ihn mit Leckerchen,

Auf den ersten Blick schneller geht es mit Hilfe, wie Michelle und Hanna es hier zeigen.

Spielzeug oder Targetstick locken. Das funktioniert meist sehr schnell. Erheblich mehr Arbeit bedeutet es jedoch, die Hilfen wieder abzubauen. Arbeiten Sie zunächst daran, Leckerchen, Spielzeug oder Targetstick mehr und mehr verschwinden zu lassen, bis nur noch Ihr Finger als Hilfe übrig bleibt. Geben Sie das entsprechende Kommando kurz vor der Hilfe, damit es nicht durch die Handbewegung überschattet wird und daher für den Hund unbedeutend bleibt. So kündigt das Kommando die Handbewegung an. Wenn der Hund das durchschaut hat, wird er bald die Hilfe gar nicht mehr abwarten, sondern schon vorher die Drehung zeigen. Sie werden das feststellen, wenn Sie von Zeit zu Zeit die Hilfegebung etwas hinauszögern. Wartet der Hund nicht mehr auf Ihr Handzeichen, können Sie es dann weglassen.

Schritt 1: Locken Sie den Hund mit Leckerchen, Spielzeug oder Targetstick um die eigene Achse.

Schritt 2: Geben Sie kurz bevor Sie dem Hund die Hilfe geben, das Kommando.

Schritt 3: Bauen Sie wieder allmählich die Hilfen ab.

Nun gilt es noch, dem Hund beizubringen, dass er sich auf das Kommando TANZEN dreht, egal ob er vor Ihnen steht oder links oder rechts von Ihnen und egal, ob Sie dabei stehen, gehen oder sich ebenfalls drehen.

Wenn Sie die Drehung in eine Richtung aufgebaut haben, arbeiten Sie auch an der anderen Richtung. Wir wollen nämlich die Muskeln des Hundes gleichmäßig auf beiden Seiten trainieren.

9. Der Hund umrundet seinen Tanzpartner in beiden Richtungen RUNDE und ZIRKEL

In diesem Fall bewegt sich der Hund also um Sie herum, entweder im oder entgegen dem Uhrzeigersinn. Dabei sollten Sie sich überlegen, ob er sich

Patachon umrundet Pat.

so lange um Sie herum drehen soll, bis Sie ein anderes Kommando geben oder ob Sie jede Runde neu verlangen wollen, Ihr Kommando also immer nur für eine Runde gilt. Beides kann man dem Hund beibringen. Man muss sich nur wie immer im Klaren sein, was man wirklich will, wenn man ein bestimmtes Kommando gibt. Das ist übrigens eine Sache, die Sie sich für jedes Kommando überlegen können: Was genau will ich, dass der Hund macht, wenn ich ihm das entsprechende Kommando gebe?

Schreiben Sie sich alle diese Punkte in Ihr Trainingstagebuch. Dann überlegen Sie, wie Sie jeden einzelnen Punkt auch dem Hund klarmachen. Wenn Sie z. B. dem Hund nicht auch im Einzelnen beigebracht haben, dass er ein von Ihnen gewünschtes Verhalten *sofort* zeigt, dürfen Sie sich nicht beschweren, wenn er das dann auch nicht macht. Wie man das dem Hund beibringt, erfahren Sie im Laufe dieser Übung. Das gilt dann übrigens für alle Kommandos, nicht nur für diese.

Dass Ihr Hund Sie umrundet, können Sie erreichen, indem Sie ihn wieder mit Leckerchen, Spielzeug oder Targetstick um sich herum locken. Rechts herum nennen wir das RUNDE (Eselsbrücke: *R*echts wie *R*unde), links herum ZIRKEL (Eselsbrücke: *L*inks wie Zirke*L*). Solche Eselsbrücken

haben sich bei der Menge an Kommandos als ganz hilfreich erwiesen.

Bauen Sie das Lockmittel zügig ab und geben Sie nur noch mit leeren Händen Hilfestellung. Als Ankündigung für diese Hilfestellung geben Sie das Kommando. Schließlich deuten Sie die Hilfe nur noch an, bis sie dann ganz weg bleibt.

Auch diese Übung wird in beide Richtungen aufgebaut, um die Muskeln des Hundes gleichmäßig zu trainieren. Sie können für den Anfang

Paula bringt Sally diese Übung mit Spielzeug bei.

Die einzelnen Figuren

aber aus genau diesem Grund auch das Drehen um die eigene Achse z. B. rechts herum einstudieren, das Umrunden von Ihnen links herum. So haben Sie fast den selben Effekt erzielt, aber schon zwei verschiedene Kunststücke trainiert.

Wie bringen wir dem Hund aber nun bei, dass er ein Kommando auch *sofort* befolgt, wenn wir es geben? Zuerst muss der Hund natürlich wissen, was wir wollen, wenn wir ein Kommando geben. Das sollte er schon gelernt und auch ganz gut verallgemeinert haben. Dann können wir an der sofortigen Ausführung arbeiten. Das geht über die Verwendung eines so genannten **Zeitfensters.** Der Hund weiß also jetzt, dass er sich auf das Kommando RUNDE hin eine Belohnung verdienen kann, wenn er sie im Uhrzeigersinn umrundet. Nun muss er noch lernen, dass das Signal RUNDE aber eben nur eine bestimmte Zeit lang gilt. Am Anfang machen wir es dem Hund einfach. Er hat dann z. B. fünf Sekunden Zeit, das gewünschte Verhalten zu zeigen. Dieses Zeitfenster wird im Laufe der Ausbildung immer weiter geschlossen. Irgendwann hat er dann nur noch eine Sekunde Zeit oder nicht einmal mehr das. Wenn er das Verhalten in dieser Zeit nicht zeigt, hat er Pech gehabt! Dann gibt es eben keine Belohnung. Wenn Sie so mit Zeitfenster arbeiten, das Sie immer

weiter schließen, versteht Ihr Hund jedoch, was Sie von ihm wollen.

Für viele Menschen bedeutet diese Sichtweise noch ein starkes Umdenken. Die meisten Ausbilder meinen noch, dass der Hund ohne Wenn und Aber gehorchen müsste. Das soll er auch über die Ausbildung über positive Verstärkung und das wird er auf diese Weise auch. Aber wir müssen uns darüber im Klaren sein, dass ein Hund immer die Wahl zwischen mehreren Verhaltensweisen hat! Das gilt auch dann, wenn mit Gewalt ausgebildet wird. Eine große Rolle spielt eben die Motivation. Wenn die hoch genug ist, wird der Hund auch tun was wir wollen.

Noch einmal zurück zu unserer Übung: Wenn Sie soweit sind, dass Sie die Hilfen abgebaut haben, arbeiten Sie auch hier daran, dass der Hund die Übung vollkommen unabhängig von Ihrem Tun ausführt. Er sollte also seine Runden drehen, egal ob Sie stehen, sich mit ihm oder sogar in die entgegengesetzte Richtung drehen.

Schritt 1: Locken Sie den Hund mit Motivationsmitteln um sich herum.
Schritt 2: Führen Sie das Kommando ein und bauen Sie die Hilfen nach und nach ab.
Schritt 3: Gewöhnen Sie den Hund daran, dass Sie sich unabhängig von seiner Richtung bewegen.

*So macht Tanzen Spaß: Silas beim
Sprung über den Arm.*

10. Sprung über ausgestreckte Arme – HOPP (in Verbindung mit den ausgestreckten Armen)

Bei dieser Übung springt der Hund über den einen ausgestreckten Arm hinter Sie und über den anderen wieder zurück nach vorne.

Mit den Sprungübungen sollten Sie erst anfangen, wenn Ihr Hund mindestens 1 1/2 Jahre alt ist und auch dann erst ganz allmählich.

Variante 1:

Bei Hunden, die z. B. vom Agility her schon gewohnt sind, über Hürden zu springen, kann man diese Vorbildung nutzen zum Einüben dieser Figur. Stellen Sie zunächst zwei Hürden so auf, dass Sie dazwischen stehen und die Hindernisse sozusagen die Verlängerung Ihrer Arme sind. Gehen Sie dann in die Hocke und geben Sie Ihrem Hund das Kommando zum Sprung, über die rechte Hürde hin und die andere zurück oder umgekehrt. Sie können ihm dazu auf der jeweiligen Seite mit den Händen den Weg zeigen. Wenn der Hund diese Übung verstanden hat, versuchen Sie im nächsten Schritt, die Arme ausgestreckt zu halten, ohne dem Hund mit den Händen lockend zu helfen, sondern Sie geben nur noch das Kommando HOPP. Ein auf der anderen Seite abgelegtes Leckerchen oder Spielzeug kann dabei helfen. Wenn auch das klappt, arbeiten Sie mit nur einer Hürde weiter. Sie selber stellen sich jetzt in die Mitte der Stange und wiederholen die Übung nun entsprechend. Jetzt muss der Hund schon über die Arme springen, weil er keinen Platz mehr hat, auszuweichen.

Wenn er auch das verstanden hat, nehmen Sie als Nächstes nur zwei Hindernisstangen in Verlängerung Ihrer Arme und wiederholen die Übung. Jetzt hat der Hund keine seitliche Begrenzung mehr. Wichtig ist dabei, dass er wirklich verstanden hat, was Sie von ihm verlangen. Sollte er seitlich ausweichen, gehen Sie noch mal einen Schritt zurück. Wir wollen möglichst erst gar nicht, dass der Hund solche Fehler macht. Dann lernt er

Hier lockt Petra ihre Hündin schon über den ausgestreckten Arm.

nämlich nur: So geht es ja auch! Und das soll er nicht.

Als Letztes werden dann noch die Hilfen Stangen abgebaut, indem Sie sie Stück für Stück verkürzen durch Zusammenschieben, bis irgendwann nur noch die Arme übrig bleiben, über die der Hund springt.

Schritt 1: Stellen Sie sich zwischen zwei Hindernisse und lassen Sie Ihren Hund über das eine hin- und das andere zurückspringen mit dem Kommando HOPP, das Sie zunächst in dem Moment geben, wenn der Hund gerade zum Absprung ansetzt.

Schritt 2: Machen Sie dieselbe Übung im Hocken. Sie können den Hund hier ruhig noch mit Leckerchen oder Spielzeug locken.

Schritt 3: Wenn der Hund die Übung verstanden hat, locken Sie ihn nicht mehr mit den Händen, sondern Sie strecken diese schon seitlich aus. Es macht nichts, wenn der Hund in diesem Übungsstadium noch nicht über die Arme springt. Jetzt können Sie den Hund schon mit HOPP zum Sprung auffordern.

Schritt 4: Hocken Sie sich jetzt in die Mitte von nur noch einem Hindernis. Jetzt muss der Hund über Ihre Arme springen.

Schritt 5: Nehmen Sie zwei Stangen als Verlängerung Ihrer Arme und

Die Hilfen werden Schritt für Schritt abgebaut.

wiederholen Sie die Übung. Belohnen Sie selektiv die Sprünge, die der Hund schön dicht an Ihrem Körper macht.
Schritt 6: Schieben Sie die Stangen hinter Ihrem Rücken Stück für Stück zusammen, bis nur noch die Arme als Hindernis übrig bleiben.

Variante 2:

Sie üben mit Ihrem Hund an einer Wand, so dass er zu dieser Seite nicht ausweichen kann. Sie strecken Ihren einen Arm gegen die Wand und mit der freien Hand und einem Leckerchen, Spielzeug oder dem Targetstick locken Sie Ihren Hund über den Arm. Halten Sie den Arm zunächst so nie-

drig wie möglich. Üben Sie von Anfang an, dass der Hund in beide Richtungen springt, egal also, ob Sie ihm den Bauch oder den Rücken zudrehen. Arbeiten Sie mit sehr guten Motivationsmitteln, also ganz guten Leckerchen oder einem Lieblingsspielzeug des Hundes. Wichtig ist wieder das gute Timing beim Belohnen. Wenn Sie also mit Spielzeug arbeiten, werfen Sie es in Blickrichtung des Hundes genau in dem Moment, in dem er abspringt. Arbeiten Sie mit Leckerchen, ist es am besten, den richtigen Moment mit dem Klicker zu markieren, weil man ja schlecht dem Hund im Flug ein Leckerchen zustecken

Auch mit einem Zaun als seitliche Begrenzung kann man diesen Sprung üben.

über die gedachte Verlängerung Ihres Armes angewöhnt. Gehen Sie dann dazu über, den Hund über den einen Arm hin- und den anderen zurückspringen zu lassen.

Schritt 1: Nehmen Sie sich einen Zaun oder eine Mauer als seitliche Begrenzung und lassen Sie den Hund über den an den Zaun gestreckten Arm springen. Locken Sie ihn dafür für den Anfang ruhig mit der anderen Hand.

Schritt 2: Hat der Hund verstanden, was Sie wollen, lassen Sie die Hilfen mit dem freien Arm weg. Stattdessen können Sie ihm aber Leckerchen oder Spielzeug vorher auf dem Boden deponieren.

Schritt 3: Als Nächstes rücken Sie Stück für Stück von dem Zaun ab, bis der Hund auch dann über Ihre Arme springt, wenn Sie ganz frei stehen. Lehren Sie den Hund dasselbe, wenn Sie ihm den Rücken zudrehen, er also von hinten nach vorne springen soll.

kann. Nach einigen Wiederholungen wird der Hund den gegen die Wand gestreckten Arm bald als Signal sehen. Heben Sie die Arme allmählich bis zur endgültigen Höhe.

Als Nächstes rücken Sie Stück um Stück von der Wand weg. Steigen Sie bald auf variable Belohnung um und belohnen Sie selektiv nur die Sprünge, die der Hund recht nah an Ihrem Körper macht, damit er sich keine Luftsprünge

Bei dieser Übung dient das Wortkommando nur als Startsignal für den Hund. Die Arme und die Tatsache, dass Sie sich hinhocken, sind in diesem Fall das eigentliche Signal, das Sie auch im Tanz ganz genau so verwenden werden. Sie können anschließend noch üben, den Hund aus verschiedenen Entfernungen springen zu lassen. Lassen Sie ihn im Stehen, Sitzen oder Liegen in unterschiedlichen Entfernungen warten, bis Sie ihm das Signal zum Sprung geben.

11. Sprung durch den Armkreis HOPP (in Verbindung mit dem Armkreis)

Das ist eigentlich nur eine abgewandelte Form der vorhergehenden Übung. Anstatt über den ausgestreckten Arm zu springen, springt der Hund hierbei durch den Kreis, den Sie mit Ihren Armen formen. Sie können dabei stehen oder hocken. Haben Sie den Sprung über die ausgestreckten Arme nach Variante 1 gelehrt, können Sie jetzt dazu übergehen, mit dem zweiten Arm allmählich einen Kreis zu formen. Halten Sie dazu den oberen Arm zunächst gerade nach oben. Wenn der Hund gesprungen ist, drehen Sie sich zum Hund, damit der wieder von vorne über den Arm springen kann. Schritt für Schritt schließen Sie Ihre Arme nun zu einem Kreis. Gehen Sie dabei besser nur zentimeterweise vor, um dem Hund die Umgewöhnung leichter zu machen. Besser, Sie kommen Zentimeterweise *vorwärts,* als dass Sie durch einen zu großen Schritt den Hund verwirren und er nicht mehr springt, weil er die Übung nicht mehr versteht.

Haben Sie die vorhergehende Übung noch nicht gelernt, gehen Sie zunächst so vor, wie in der vorhergehenden Übung unter Variante 2 beschrieben. Zunächst lassen Sie Ihren Hund also über den ausgestreckten Arm an einer Mauer entlang springen.

Sie auf der einen und die Mauer auf der anderen Seite hindern den Hund am Ausweichen. Wenn der Hund diese Übung so weit verstanden hat, gehen Sie sofort dazu über, mit Ihrem zweiten Arm den Kreis allmählich zu schließen. Hierbei ist es auch wieder sinnvoll, mit Klicker zu arbeiten. Denn da Ihre Arme ja auch beschäftigt sind, können Sie weder mit Leckerchen noch mit Spielzeug genau zur richtigen Zeit belohnen. Mit dem Klicker in der Hand ist das jedoch kein Problem.

Beate mit Girlie beim Sprung durch den Armkreis.

Nach dem Klick haben Sie dann genug Zeit, Ihre Arme auseinander zu nehmen, um den Hund zu belohnen.

Bei dieser Übung ist es meist notwendig, den Armkreis, bevor er völlig geschlossen ist, zu drehen, d. h. der Arm, der bisher oben war kommt nach unten und umgekehrt. Dann hat der Hund nämlich mehr Platz zum Durchspringen und unser Kopf ist nicht im Weg. Auch hierfür brauchen Sie wieder kein spezielles Kommando. Der Armkreis reicht als Signal völlig aus. Eventuell können Sie das dem Hund nun schon bekannte HOPP als Startsignal

Schritt 1: Wenn der Hund über Ihren ausgestreckten Arm springt, schließen Sie mit dem anderen Arm nach und nach den Kreis.

Schritt 2: Bevor der Kreis ganz geschlossen ist, drehen Sie den Armkreis, damit der Hund mehr Platz hat.

Der Armkreis wird Stück für Stück geschlossen....

... und - damit der Hund mehr Platz hat - gedreht.

verwenden. Üben Sie wiederum den Sprung durch den Armkreis aus verschiedenen Entfernungen, indem Sie den Hund an unterschiedlichen Stellen sitzen, liegen oder stehen lassen.

12. Sprung über ausgestreckte Beine HOPP (in Verbindung mit dem ausgestreckten Bein)

Bei dieser Übung strecken Sie ein Bein weg und der Hund springt darüber. Sie können es seitlich wegstrecken oder aber auch nach vorne ausstrecken und den Hund springen lassen.

Diese Übung wird ebenso aufgebaut wie Übung 10 (Sprung über ausgestreckte Arme). Diesmal strecken Sie nur anstelle des Armes Ihr Bein aus.

Wenn der Hund die ausgestreckten Beine als Signal zum Sprung erkennt, lehren Sie ihn noch das Kommando HOPP, einfach, damit er nicht unkontrolliert über das Bein springt, sondern dass Sie ihm mit dem Kommando das Startsignal geben.

Wenn Ihr Hund diese Übung gut beherrscht, können Sie folgende

Sprung übers ausgestreckte Bein.

Auch den Sprung übers Bein übt Rebecca zunächst mit Hindernis.

Abwandlung versuchen: Gehen Sie mit dem Hund an Ihrer Seite im Paradeschritt mit schön gerade nach vorne ausgestreckten Beinen und lassen Sie ihn von einer Seite auf die andere springen. Hier können Sie auch gut testen, ob Ihr Hund auf Ihr Wortkommando wartet, indem Sie ihn einige Schritte FUSS mitgehen lassen und ihn auf Kommando mit den Sprüngen beginnen lassen.Wenn der Hund diese Sprungübungen verstanden hat, haben Sie wieder eine gute Grundlage für weitere Übungen.

Im Prinzip können Sie den Hund über alles Mögliche springen lassen: über Arme und Beine, wie wir es hier gezeigt haben, aber auch über Ihre Knie, über Ihren Rücken (siehe Seite 117) oder über einen Stock, den Sie als zusätzliche Utensilie beim Tanz mitbenutzen. Sie können sich auch auf den Boden legen und lassen den Hund über Ihren Bauch springen oder Sie können eine Brücke machen oder was auch immer. Auch hier sind Ihrer Fantasie so gut wie keine Grenzen gesetzt. Vielleicht testen Sie auch einmal, was der Hund macht, wenn Sie HOPP sagen und er sieht gerade nichts, über das er springen kann. Vielleicht macht er ja einfach einen Luftsprung! Belohnen Sie das mit einem Jackpot, also einer ganz besonders tollen Belohnung, denn damit haben Sie schon ein nächstes Tanzelement!

Daraus könnte man z. B. auch ein Seilspringen entwickeln, bei dem Sie mit Ihrem Hund eben gemeinsam Seilchen springen. Was meinen Sie, was das Publikum staunen würde!

Wieder sehen Sie, dass der Fantasie kaum Grenzen gesetzt sind. Achten Sie auf Ihren Hund! Nehmen Sie auf, was er anbietet. Auch aus einem vermeintlichen Missgeschick lässt sich vielleicht eine neue Figur aufbauen. Das ist dann meist eine, die man nur schwer zum Nachahmen beschreiben kann. Das hat sich eben so beim Üben entwickelt und ist dann unter Umständen eine Figur, die dann ganz allein nur Sie und Ihr Hund können.

Versuchen Sie daher auch immer mehr über den Fehlern zu stehen. Es gibt eigentlich keine Fehler! Aus allem lässt sich etwas machen! Sie dürfen sich nur nicht schon so festlegen. Seien Sie also flexibel und nehmen Sie, was der Hund Ihnen bietet.

13. Sprung auf den Arm
Diese Übung können Sie natürlich nur einüben, wenn Sie Ihren Hund vom Gewicht her gut tragen können. Bedenken Sie bitte auch, dass Sie auch dem Schwung standhalten können

Dieses Bild entstand aus einem Missgeschick. Mit einem Jackpot eingefangen, kann man daraus ein ganz individuelles Kunststück mit seinem Hund kreieren.

müssen, mit dem Ihr Hund Sie anspringt. Der Sprung auf den Arm ist eine schöne Möglichkeit, einen Tanz zu beenden. Einigen Hunden braucht man das auch gar nicht extra beizubringen, sie zeigen dieses Verhalten ganz spontan. Dann brauchen Sie den Hund in dem Moment nur noch gut zu loben und das Verhalten unter Signalkontrolle zu bringen. Geben Sie also jedes Mal das entsprechende Kommando, z. B. HOPP mit einladend ausgebreiteten Armen. Wenn Sie das Kommando nicht geben, wird der Hund nicht belohnt. Schnell wird er lernen, dass er sich nur nach dem entsprechenden Kommando eine Belohnung verdienen kann. Sollte Ihr Hund das Auf-den-Arm-Springen nicht von sich aus zeigen, können Sie ihm das natürlich auch beibringen.

Zunächst sollte Ihr Hund gewohnt sein, dass Sie ihn auf den Arm nehmen. Das ist übrigens nicht nur gut für's Tanzen, sondern sollte jeder Hund beherrschen. Vielleicht müssen Sie ihn beim Tierarzt mal auf den Tisch heben. Für einen Hund, der das Hochgehoben-Werden nicht kennt, bedeutet allein dieser Teil der Untersuchung unnötigen Stress. Das muss nicht sein. Gewöhnen Sie also Ihren Hund – am besten schon vom Welpenalter an – dass Sie ihn auch hochheben können.

Haben Sie das noch nie mit Ihrem Hund gemacht, können Sie folgendermaßen vorgehen: Setzen Sie sich mit ausgestreckten Beinen auf den Boden und locken Sie sich den Hund auf den Schoß. Fassen Sie ihn um Brust und Hinterbeine. Schon dafür gibt es eine überschwängliche Belohnung, wenn er das mit sich machen lässt.

Wenn Sie die Übung sitzend beginnen, brauchen Sie sich nicht über den Hund zu beugen. Denn das Über-sie-bücken empfinden viele Hunde sehr bedrohlich. Allein aus diesem Grund versuchen sie schon auszuweichen. Fassen Sie Ihn also um Brust und Hinterbeine. Machen Sie diese Übung sehr spielerisch.

Nachdem Sie wieder als Belohnung mit dem Hund gespielt haben, greifen Sie von Mal zu Mal fester zu, bis Sie den Hund dann zunächst mal nur leicht anheben und sofort wieder absetzen. Wenn möglich sollten Sie so langsam vorgehen, dass Ihr Hund immer entspannt bleibt. Sonst kann es nämlich sein, dass der Hund anfängt zu strampeln, wenn Sie ihn hochheben. Je nach Größe des Hundes haben Sie Schwierigkeiten, das aufzufangen, und der Hund kann sich unter Umständen befreien. Dadurch lernt er, dass er nur zu strampeln braucht, und schon wird er herunter gelassen. Das soll nicht sein. Wenn der Hund klein genug ist, dass Sie sein Strampeln gut aushalten können, lassen Sie ihn also mög-

Nach einem gelungenen Tanz im Ballsaal: der Sprung auf den Arm.

lichst nicht genau in dem Moment herunter, sondern erst, wenn er wieder ruhig ist. Aber besser ist es, es kommt erst gar nicht so weit, dass der Hund sich versucht zu wehren. Er soll so viel Spaß bei dieser Übung haben, dass er am Ende auch gerne freiwillig zu uns auf den Arm gesprungen kommt.

Nun ist der nächste Schritt, dass er alleine auf die Arme springt. Dazu lassen Sie ihn zunächst auf Ihren Schoß kommen, wenn Sie auf einem niedrigen Hocker sitzen. Wenn das klappt, setzen Sie sich auf einen Stuhl, dann auf einen Barhocker, bis Ihr Schoß

dann ganz von Ihren Armen abgelöst wird und Sie gerade stehen.

Achten Sie bei allen Übungen auf die Körpersprache Ihres Hundes. Wenn er sich nicht wohl fühlt oder gestresst ist, sind Sie zu schnell vorgegangen und der Hund hat noch nicht verstanden, was von ihm erwartet wird.

Oder vielleicht bedrohen Sie den Hund unbeabsichtigt? Wichtig ist auf jeden Fall, dass Sie die Zeichen, die Ihr Hund Ihnen gibt wahr- und dann auch ernst nehmen.

Auf unserem Foto zeigt Timmy ein Über-die-Schnauze-lecken. Damit sagt

Mit der Zunge über der Schnauze zeigt Timmy, dass er sich noch nicht ganz wohl fühlt. Wenn Sie ein solches Zeichen bei Ihrem Hund bemerken, gehen Sie in der Übung noch mal einige Schritte zurück und arbeiten Sie so lange an den einzelnen Schritten, bis der Hund sich wirklich wohl dabei fühlt.

er uns, dass er bei dieser Übung noch nicht so weit ist. Besser ist es dann, Sie gehen in einem solchen Fall noch einmal einige Übungsschritte zurück und gehen erst weiter, wenn auch der Hund damit einverstanden ist.

Schritt 1: Positionieren Sie Ihren Hund so, dass Sie ihn um Brust und Hinterbeine fassen können, ohne dass Sie sich über ihn beugen müssen. Belohnen Sie ihn dafür.

Schritt 2: Wenn er das ohne Zeichen von Unbehagen mit sich machen lässt, heben Sie ihn leicht an. Halten Sie ihn so immer länger.

Schritt 3: Lassen Sie ihn dann alleine auf Ihren Schoß springen, wenn Sie auf einem niedrigen Hocker sitzen.

Schritt 4: Setzen Sie sich immer höher...

Schritt 5: ...bis Sie schließlich stehen.

14. Verbeugung   DIENER

Eine Verbeugung kommt immer gut beim Publikum an, besonders, wenn Sie und der Hund das gleichzeitig machen. Wie wir auf Seite 19 ff. schon erklärt haben, können Sie diese Bewegung aus dem natürlichen Verhalten des Hundes einfangen, Sie können es

Michaela und Silas verabschieden sich vom Publikum.

Petra hilft Lotte beim Ausführen des Dieners.

frei formen oder Sie können dem Hund Hilfestellung geben. Eine weitere mögliche Hilfestellung, außer der dort schon erklärten, sieht folgendermaßen aus: Sie hocken sich auf die Seite neben ihren Hund, der stehen sollte. Die eine Hand strecken Sie unter der Flanke Ihres Hundes hindurch, aber ohne ihn zu berühren. Mit der anderen Hand locken Sie ihn mit einem Leckerchen wie zum PLATZ nach unten. Sobald er mit den Vorderbeinen herunter geht, geben Sie das entsprechende Kommando und er bekommt augenblicklich das Leckerchen.

Nach und nach bauen Sie die Hilfen beider Hände ab, indem Sie bei der einen erst das Leckerchen weglassen, aber noch dieselbe Handbewegung machen, dann zeigt die Hand nur noch nach unten, immer weniger deutlich, bis es nicht mehr nötig ist und der Hund sich allein aufs Kommando hin verbeugt. Die Hand unter dem Hund wird so nach und nach nur noch in diese Richtung gehalten, bis auch sie ganz verschwinden kann, ohne dass sich der Hund hinlegt.

Auch hierbei ist es wieder wichtig, dass Sie im Abbauen der Hilfen langsam (aber stetig!) vorgehen. Sind Sie zu schnell, führt das leicht zu Misserfolgen. Und mit jeder falsch ausgeführten Übung wird im Gehirn die Verknüpfung ausgebaut, dass eben auch das ein mögliches Verhalten ist und das wollen wir nicht. Daher lassen Sie Fehler möglichst gar nicht erst entstehen, wenn Sie über Hilfegebung arbeiten.

Beim freien Formen ist das etwas anders. Hier gibt es eigentlich keine Fehler. Alles, was der Hund macht, ist richtig. Wir wollen schließlich einen einfallsreichen experimentierfreudigen Hund haben. Das erreichen wir jedoch nur, indem wir sein Versuchen auch anerkennen und das nicht als Fehler ansehen. Die Verhalten, die in die richtige Richtung gehen, werden mit etwas Gutem belohnt und dadurch verstärkt. Das, was in die falsche Richtung führen würde - aber eben doch nicht falsch ist, weil jedes Verhalten in dem Moment richtig ist, - bekommt nur die **kleinst mögliche Belohnung** (siehe Seite 28).

Schritt 1: Locken Sie den stehenden Hund mit dem Vorderkörper nach unten, während Sie die andere Hand unter dem Bauch des Hundes hindurchstrecken, damit er sich nicht ganz hinlegt.

Schritt 2: Geben Sie das Kommando dazu und bauen Sie die Hilfen mehr und mehr ab.

Schritt 3: Üben Sie das Verbeugen auch, wenn der Hund sich Ihnen gegenüber in unterschiedlichen Stellungen befindet, also wenn er vor oder neben Ihnen, nah oder fern ist oder wenn Sie z. B. stehen oder sich ebenfalls verbeugen.

Diese Übung können Sie zu einem KNICKS verfeinern. Dabei nimmt der Hund eine Pfote nach hinten. Dafür sollte der Hund es jedoch schon sehr gut gewöhnt sein, sich anfassen zu lassen.

Achten Sie also unbedingt wieder auf Stressanzeichen und sollten Sie welche bemerken, gehen Sie noch mal einige Stufen in Ihren Anforderungen zurück und überlegen Sie, wie Sie dem Hund die Übung angenehm machen können. Oft hilft es, wenn er einfach langsam genug, unter viel Belohnung an die Übung herangeführt und gewöhnt wird.

Sie geben dann das Kommando DIENER, halten jedoch eine Vorderpfote nach hinten. Später genügt ein Antippen dieser Pfote, dass sie zurück geht, und schließlich ein Andeuten mit dem Fuß, so dass Sie eine Verbeugung können, die nicht jeder kann, eben einen KNICKS!

Silas zeigt den Knicks.

15. Gehen auf den Hinterbeinen HOCH

Es gibt Hunde, die von sich aus schon ein Gehen auf den Hinterbeinen anbieten. Oft sieht man es bei kleineren Rassen als Bettelverhalten. Das kann man wieder sehr schön für einen neuen Tanzschritt nutzen. Große Hunde haben oft Schwierigkeiten, weil sie ihr Gleichgewicht nicht so halten können. Wenn aber der Hund keine Erkrankungen der Wirbelsäule oder der Hüften hat, können Sie ihm das ohne weiteres beibringen. Das soll ja am Ende nicht heißen, dass er den ganzen Tanz auf den Hinterbeinen verbringen soll, sondern nur einige Schritte.

Schließlich gilt sinngemäß auch beim Tanzen mit dem Hund der Ausspruch des Paracelsus: Die Dosis macht das Gift. Von jedem ein wenig ist aber durchaus förderlich für die Gesundheit des Hundes.

Locken Sie Ihren Hund wieder mit einem Lockmittel nach oben. Hier empfiehlt sich zur Abwechslung mal bei großen Hunden die Verwendung eines Targetsticks. Damit können Sie ihn nämlich weit genug von sich weg halten. Er soll sich schließlich nicht an Ihnen abstützen, sondern »freihändig« stehen.

Wenn Ihr Hund für diese Übung talentiert ist, können Sie ihm auch

Mit Annikas Hilfe lernt Bäri auf zwei Beinen zu tanzen.

einige Schritte auf diese Weise beibringen. Wenn die Übung gut klappt, führen Sie wieder das Kommando ein und bauen nach und nach die Hilfen ab. Es ist übrigens auch für den Tanz nicht 100%ig notwendig, alle Handzeichen restlos abzubauen. Selbst bei Turnieren sind sie erlaubt, wenn sie in den Tanz integriert sind. Dennoch sollten Sie mit der Zeit daraufhin arbeiten. Denn Sie haben natürlich viel mehr Möglichkeiten, wenn Sie sich unabhängig vom Hund bewegen können.

Schritt 1: Locken Sie den Hund nach oben, damit er sich auf seine Hinterbeine stellt.

Schritt 2: Führen Sie das Kommando ein und bauen Sie die Hilfen langsam ab.

16. Männchen machen
MÄNNCHEN

Manche Hunde haben mit dieser Übung Schwierigkeiten, weil sie einfach das Gleichgewicht in dieser Position nicht halten können, während andere dieses Verhalten schon von sich aus anbieten. Geben Sie aber nicht gleich auf, wenn es nicht auf Anhieb klappt. Die Hunde können lernen, das Gleichgewicht zu halten.

Variante 1:

Diese Übung eignet sich wieder gut zum freien Formen. Wenn Ihr Hund sitzt, stellen Sie sich eine Linie über seinem Kopf vor. Wenn der Hund diese gedachte Linie berührt, bekommt er sein Klick und die Belohnung. Schieben Sie in Ihrer Vorstellung diese gedachte Linie Stück für Stück nach oben. Wenn der Hund die Übung verstanden hat, wird er seinen Kopf immer höher heben, bis er irgendwann auch die Füße vom Boden abhebt. Wenn er sie hoch genug hebt, haben Sie also das gewünschte Verhalten und können ein Kommando dazu geben.

Variante 2:

Sie können diese Übung dem Hund auch beibringen, indem Sie ihn aus dem SITZ mit einem Leckerchen über der Nase nach oben locken. Auch mit dieser Möglichkeit klappt die Übung bei vielen Hunden nicht auf Anhieb. Sie müssen nämlich erst lernen, in dieser Stellung Gleichgewicht zu halten. Also haben Sie Geduld. Sollte Ihr Hund jedoch große Schwierigkeiten haben, ist es eventuell ratsam, bei einem Tierarzt abklären zu lassen, ob Hüfte und Wirbelsäule in Ordnung sind. Hat das Tier in diesem Bereich Schmerzen, wird es diese Übung auch nur ungern ausführen.

Mit dem Leckerchen vor der Hundenase ist es wieder relativ leicht, gut im Timing zu sein. Geben Sie dem Hund dann seine Belohnung, wenn er die Vorderfüße vom Boden hochhebt.

Tanzen macht auch den ganz kleinen Leuten Spaß: Chiara und Fratz beim gemeinsamen Männchen machen.

Steigern Sie auch hier die Höhe nach und nach. Schließlich geben Sie dem Hund das Leckerchen nur noch, wenn der Rücken senkrecht steht und er schön auf seinen Hinterbeinen sitzt. Geben Sie dann jedes Mal kurz bevor Sie dem Hund das Zeichen zum Männchen-machen geben, das entsprechende Kommando. Wenn Sie nach einigen Wiederholungen etwas warten zwischen Kommando und Zeichen, können Sie feststellen, ob Ihr Hund schon weiß, was Sie wollen. Wenn das noch nicht der Fall ist, müssen Sie ihn noch eine Weile direkt nach dem Kommando in die richtige Position locken. Irgendwann geben Sie dann nur noch das Kommando und der Hund wird das Verhalten zeigen. Wieder ist es hier, wie mit allen Übungen: Selbst wenn Sie alles richtig und verständlich für den Hund machen, geben Sie nur den Weg vor. Das Tempo bestimmt Ihr Hund.

Schritt 1: Locken Sie Ihren Hund aus dem SITZ nach oben. Haben Sie Geduld. Für viele Hunde ist diese Übung sehr schwer, weil sie erst lernen müssen, ihr Gleichgewicht zu halten.
Schritt 2: Wenn der Hund den Rücken schön senkrecht nach oben hält, geben Sie das Kommando.
Schritt 3: Steigern Sie durchschnittlich die Zeit, die der Hund in dieser Position verharren soll.
Schritt 4: Bauen Sie allmählich die Hilfen ab.

So können Sie diese Übung frei formen.

17. Winken   WINKE

Auch das ist eine sehr schöne Übung, den Tanz zu beenden. Sie und Ihr Hund winken gemeinsam dem Publikum zu.

Variante 1:

Das Winken ist eine weitere Übung, die man dem Hund sehr schön übers freie Formen beibringen kann. Dazu konzentrieren Sie sich auf eine Pfote, wenn der Hund vor Ihnen sitzt. Hebt er sie auch nur andeutungsweise an, bekommt er ein Klick und ein Leckerchen; auch, wenn er sie nur »zufällig« anhebt, weil er gerade aufstehen will. Der Hund wird vom ersten Mal wahrscheinlich noch nicht wissen, was den Klick bewirkt hat. War es weil er geguckt hat, die Pfote gehoben oder den Schwanz bewegt hat usw. Der Hund zeigt ja in jeder Sekunde viele einzelne Verhaltensweisen. Sind Sie aber geduldig und entsprechend gut im Timing, wird er schnell herausfinden, dass es das Heben der Pfote ist, auf das es ankommt. Sie merken, wenn bei dem Hund sozu-sagen der Groschen gefallen ist, weil er dann immer wieder die Pfote hebt, um an sein Leckerchen oder Spielzeug zu kommen. Denken Sie daran, auch entsprechend gute Motivationsmittel zur Hand zu haben. Umso mehr wird Ihr Hund sich anstrengen!

Hat er also verstanden, worum es geht und hebt jedes Mal die Pfote ein klein wenig hoch, schalten Sie von ständiger Belohnung auf variable

Mandy und Attila am Ende ihres Tanzes »Please, Mister Postman«.

Belohnung um. Jetzt bekommt der Hund also nicht mehr jedes Mal ein Klick und die Belohnung, sondern zunächst jedes zweite Mal und dann schnell ganz unregelmäßig, d. h. mal nach einem Mal, mal nach vier Malen, dann nach zweien oder so ähnlich. Dadurch haben Sie nun die Möglichkeit, die Anforderungen an den Hund zu erhöhen. Wenn er nämlich immer wieder sein Pfötchen hebt, wird er das nicht immer in derselben Weise tun, sondern mal hebt er es höher, mal nicht so hoch. Sie belohnen dann nur noch die Versuche, bei denen die Pfote z. B. mindestens eine Hand breit vom Boden gehoben wird. Macht der Hund das gut, werden die Anforderungen schon wieder erhöht: Jetzt soll er die Pfote zwei Hand breit hochheben usw. Das steigern Sie solange, bis der Hund die Pfote schön hoch hebt. Wichtig ist, dass Sie dem Hund klare Kriterien schaffen. Es darf nur falsch und richtig geben. Halb richtig gibt es nicht. Damit verwirren Sie den Hund mehr als dass Sie ihm helfen. Achten Sie jedoch auch darauf, die Anforderungen nur so weit zu steigern, dass Ihr Partner auch Erfolg haben kann. Sonst wird er bald die Lust verlieren. Wie bei allen Aufgaben gilt auch hier: Je kleiner Sie die Schritte wählen, desto schneller werden Sie vorankommen.

Nun gilt es noch, daran zu arbeiten, dass der Hund die Pfote auch länger oben hält, bzw. richtig damit winkt. Dafür wird jetzt noch an der Länge gearbeitet. Zögern Sie also das Klick und das Leckerchen immer weiter hinaus. Achten Sie darauf, dass Sie sich in diesem Stadium des Lernens wirklich nur auf die Länge konzentrieren. Die Höhe der Pfote lassen Sie dafür außer Acht. Das würde den Hund nur verwirren. Erst wenn er dann verstanden hat, dass es auf die Länge ankommt, kann man beide Kriterien zusammen erwarten, nämlich die Höhe der Pfote und die Länge, in der sie oben gehalten wird.

Erst wenn Sie das Verhalten soweit aufgebaut haben, kommt das Kommando dazu. Denn erst jetzt können Sie dem Hund sozusagen erklären, dass das, was er da tut WINKE heißt. Dazu geben Sie das Kommando zuerst, während der Hund winkt. Wenn Sie das zehn bis fünfzehn Mal wiederholt haben, geben Sie das Kommando versuchsweise bevor der Hund das Verhalten zeigt, um zu überprüfen, ob er schon verstanden hat, worum es geht. Wenn das der Fall ist, üben Sie unter ständig steigenden Ablenkungen. Wählen Sie die Ablenkung aber immer nur so groß, dass der Hund auch Erfolg haben kann. Sollten Sie einmal in Ihren Anforderungen zu weit gegangen sein, gehen Sie einfach wieder einige Schritte zurück.

Variante 2:

Wenn Sie Ihrem Hund schon das Pfötchen-Geben beigebracht haben, können Sie ihm das Winken noch auf eine andere Art beibringen: Lassen Sie den Hund erst einige Male das Pfötchen geben. Dann strecken Sie die Hand nicht mehr weit genug aus, so dass der Hund sie also nicht mit seiner Pfote berühren kann. Loben Sie den Hund überschwänglich für das Heben der Pfote. Auch da können Sie dann nach und nach an der Zeit arbeiten, die der Hund die Pfote oben hält. Bauen Sie nun das Kommando ein. Irgendwann strecken Sie Ihre Hand nur noch andeutungsweise aus, bis schließlich das Kommando alleine reicht, das Verhalten auszulösen.

Loben Sie den Hund immer wieder besonders für die Versuche, in denen er die Pfote schön hoch hebt, damit er darin nicht nachlässig wird.

Schritt 1: Lassen Sie den Hund Pfötchen geben.
Schritt 2: Halten Sie ihm Ihre Hand nur noch andeutungsweise hin und loben Sie den Hund, wenn er dann die Pfote einfach in die Luft hebt. Geben Sie jetzt das Kommando WINKE dazu.
Schritt 3: Bauen Sie Ihre Hilfen nach und nach ab.

Petra und Lotte trainieren das Winken.

8. Rolle ROLLE

Bei dieser Aufgabe kullert sich der Hund über seinen Rücken.

Variante 1:

Viele Hunde wälzen sich gerne auf dem Boden, wenn sie etwas gut riechendes gefunden haben. Wenn das nicht gerade etwas ist, was unseren Nasen eher unangenehm ist, sondern so etwas wie z. B. eine Vogelfeder, können Sie das Verhalten jedes Mal mit dem Kommando verbinden, wenn der Hund es zeigt. In dem Beispiel mit der Feder können sie es ja vielleicht sogar provozieren. Geben Sie dann das Kommando, während der Hund sich wälzt und loben Sie ihn überschwänglich. Bald loben Sie ihn nur noch, wenn er sich auch wirklich über den Rücken dreht und auf der anderen Seite wieder aufsteht.

Variante 2:

Stellen Sie sich die Rolle als ein Daumenkino vor und formen Sie danach dieses Verhalten wieder nur mit dem Klicker und der Belohnung als Hilfsmittel ohne dem Hund sonst irgendwelche Zeichen zu geben.

Variante 3:

Lassen Sie Ihren Hund sich hinlegen. Gehen Sie neben ihm in die Hocke, damit Sie sich nicht in einer für ihn evtl. bedrohlichen Art über ihn beugen müssen. Führen Sie Ihre mit Leckerchen geladene Hand vor der Nase des Hundes in Richtung Schultern nach hinten und über seine Schultern nach oben. Nun sollte der Hund

Girlie rollt neben Beate her.

flach auf der Seite bzw. schon auf dem Rücken liegen. Jetzt locken Sie ihn noch bis auf die andere Seite und er bekommt sein Leckerchen. Wiederholen Sie das einige Male. Dann bleibt das Leckerchen aus der Hand weg. Geben Sie immer, wenn der Hund das gewünschte Verhalten zeigt, das Kommando ROLLE dazu. Schleichen Sie sich mit den Hilfen aus, bis Sie schließlich nur noch das Kommando geben brauchen und der Hund es auch dann befolgt, wenn Sie neben ihm stehen anstatt zu hocken.

Sie können den Hund auch mehrere Rollen hintereinander ausführen lassen. Dabei können Sie entscheiden, ob

Sie ihn zwischendrin aufstehen lassen oder er an einem Stück kullert. Und schon haben Sie einen weiteren Tanzschritt!

Üben Sie mit dem Hund, dass er auf das Kommando hin rollt, egal wo er sich im Verhältnis zu Ihnen befindet, also egal ob Sie vor, neben oder hinter ihm stehen. So können Sie ihn z. B. auch von neben sich zwischen Ihre Beine rollen lassen, wenn Sie das entsprechende Bein heben und damit Platz für den Hund machen.

Noch mehr Variationsmöglichkeiten haben Sie, wenn Sie dem Hund beibringen, auf Kommando nach rechts oder links zu rollen. Wieder gibt

Auch die Rolle eignet sich wieder gut zum freien Formen.

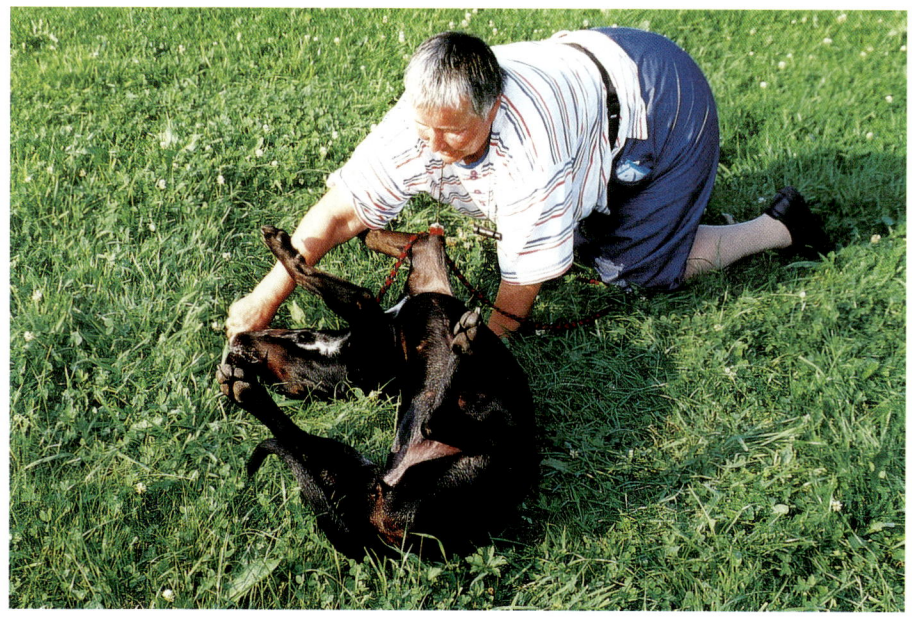

Die andere Möglichkeit erfordert schon etwas Einsatz, wie Doris und Vita hier zeigen.

es eine ganze Fülle an Möglichkeiten!

Haben Sie also Fantasie und Mut zum Experimentieren!

Ein »Nebenprodukt« des Rolle-Übens könnte das Totstellen sein. Bevor der Hund sich über den Rücken dreht, liegt er eventuell zuerst einmal flach auf der Seite. Diese Stellung können Sie dann schon unter Kommando setzen. Wie wär's z. B. mit PENG?

19. Hund bleibt stehen, während Mensch weiter tanzt   WARTE

Wenn Ihr Hund das Kommando STEH schon kennt, sind Sie mit dieser Übung schon fast fertig. Dann brauchen Sie dem Hund nur noch beizu-bringen, dass er auch stehen bleibt, wenn Sie in unterschiedlichen Entfernungen um ihn herum laufen, tanzen oder springen.

Beginnen wir aber zunächst für die, die das Kommando STEH, wozu wir hier beim Tanzen WARTE sagen, noch nicht kennen.

Auch hier gibt es wieder mehrere Möglichkeiten, wie Sie Ihrem Hund diese Übung klar machen können.

Eine Möglichkeit ist folgende:

Wie auch in Übung Nr. 5 ZURÜCK beschrieben, locken Sie den Hund einige Schritte hinter sich her, wobei Sie rückwärts gehen. Dann bleiben Sie stehen und fangen den Mo-

Peng.

ment ein, den der Hund auch noch steht, bevor er sich höchst wahrscheinlich hinsetzt. Das wird am Anfang nur eine ganz kurze Zeit sein, die sich jedoch in dem Maße verlängert, wie der Hund versteht, was Sie von ihm wollen. Dann zögern Sie also den Klick immer weiter hinaus und geben dem Hund das Kommando, während er steht, damit er auch das richtige verknüpfen kann.

Machen Sie es dem Hund so einfach, dass er immer Erfolg haben kann. Lernen Sie zu klicken, bevor Ihr Hund das Stehen beendet. Wenn er auch zu Beginn nur sehr kurze Zeit steht, werden Sie auf diese Weise den-

noch schneller vorankommen, als wenn Sie ihn immer korrigieren müssten.

Denn Erfolg macht Spaß und motiviert, Misserfolg hingegen führt zu Stress, was das Lernen nur beeinträchtigt.

Wenn der Hund nun schon eine Weile schön vor Ihnen steht, versuchen Sie sich ein klein wenig zu bewegen. Auch hier machen Sie es dem Hund am besten wieder so einfach, dass er auch Erfolg haben kann. Tanzen Sie also nicht gleich um den Hund herum, sondern steigern Sie die Schritte und auch Ihre Geschwindigkeit ganz allmählich.

Auch wenn Beate bei ihrem Tanz ein flottes Solo liefert, wartet Girlie geduldig auf ihren Einsatz.

Hat Ihr Tanzpartner verstanden, worum es geht, und bleibt er auch schön stehen, wenn Sie sich von ihm weg bewegen, muss er dieses Kommando auch noch aus der Bewegung lernen. Gehen Sie dazu zunächst mit ihm bei FUSS. Geben Sie das Kommando WARTE und bleiben Sie auch dazu stehen. Denken Sie daran, den Hund überschwänglich zu loben, wenn er folgt. Das ist nämlich eine völlig neue Situation und es ist nicht selbstverständlich, dass er auch hier schon weiß, worum es geht. Sollte es also nicht auf Anhieb klappen, ist das absolut nicht schlimm. Dann beginnen Sie in dieser Position wieder genau so, wie ganz am Anfang, als der Hund Ihnen folgte, während Sie rückwärts gingen. Sie werden sehen, es geht jetzt viel schneller. Geben Sie aber auch hier das Kommando erst, wenn der Hund schon schön steht und noch nicht, wenn er es noch nicht macht.

Jetzt deuten Sie ein Stehenbleiben nur noch an, während Sie das Kommando geben. Bauen Sie dann auch diese Hilfe für den Hund nach und nach ab, bis der Hund aus der Bewegung heraus auf Ihr Kommando stehen bleibt, auch wenn Sie weiter laufen, springen oder tanzen.

Üben Sie dann das Kommando noch in allen möglichen anderen Figuren. So können Sie z. B. in die Achterbahn um die Beine ein WARTE einbauen, immer wenn der Hund gerade außen an einem Ihrer Beine vorbeikommt; oder Sie beenden mit einem WARTE die Drehung um die eigene Achse, bevor es dann in die andere Richtung weiter geht, also TANZEN, WARTE, DREH DICH. Seien Sie einfallsreich. Wenn Sie mit dem Hund das WARTE in möglichst vielen Situationen üben, wird er immer sicherer.

Schritt 1: Locken Sie den Hund hinter sich her. Bleiben Sie stehen und fangen Sie das Stehen des Hundes mit dem Klicker ein.
Schritt 2: Wenn der Hund verstanden hat, worum es geht, wechseln Sie auf variable Belohnung, indem Sie die Zeit, die er stehen soll, immer unterschiedlich wählen und langsam durchschnittlich steigern.
Schritt 3: Gewöhnen Sie nun den Hund daran, dass er stehen bleibt, wenn Sie sich bewegen.

20. Hund hält sich die Augen zu
SCHÄM DICH

Das ist eine Figur, die Sie gut in einen witzigen Tanz einbauen können, wobei der Hund sich die Augen zuhält, weil er Ihren Tanz furchtbar findet. Oder Sie können eben spaßeshalber mit ihm schimpfen und er »schämt sich«.

Wenn Sie schon einige Übung im freien Formen haben, können Sie sich auch auf diese Weise an diese Übung machen. Einfacher ist es in diesem Fall, mit Hilfen zu arbeiten. Es gilt wieder, dass wir den Hund dazu bringen, das Verhalten zu zeigen, damit wir es auch belohnen und schließlich unter Kommando setzen können. Eine Hilfe, die man auch gut ausschleichen kann, ist ein Klebeband, was Sie auf die Hundenase kleben. Nehmen Sie dazu nicht ein ganz frisches, sondern eines, das Sie schon einige Male von einem Stoff abgezogen haben. Es soll schließlich nicht so fest auf der Hundenase kleben, dass es den Hund schmerzt, wenn es wieder abgezogen wird. Es soll aber eben noch halten.

Der Hund wird versuchen, es abzustreifen und zeigt dabei das von uns gewünschte Verhalten. Geben Sie also das Kommando dazu und belohnen Sie den Hund.

Diese Hilfe können Sie ausschleichen, indem Sie das Klebeband immer kleiner machen, bis schließlich nichts mehr übrig ist. Arbeiten Sie dann noch

Manchmal kann ein Hund es eben nicht mit ansehen, was sein Partner tanzt.

daran, dass der Hund die Pfote auch immer länger auf der Nase lässt.

Schritt 1: Kleben Sie Ihrem Hund ein Klebeband auf die Nase und geben Sie das Kommando SCHÄM DICH, wenn er es abzustreifen versucht.

Schritt 2: Machen Sie das Klebeband von Mal zu Mal kleiner, bis der Hund schließlich nur auf Ihr Kommando hin das erwünschte Verhalten zeigt.

21. Kriechen SCHLEICHEN

Hierbei kriecht der Hund mit seinem Bauch knapp über dem Boden.

Legen Sie den Hund ins PLATZ, möglichst jedoch ohne das Kommando, sondern indem Sie den Hund mit Leckerchen locken. Wir wollen uns schließlich nicht das PLATZ-Kommando kaputt machen, weil das ja nun mal heißt, dass der Hund liegen bleiben und eben gerade nicht nach vorne robben soll. Nun bewegen Sie Ihre mit Leckerchen geladene Hand langsam weg von der Hundenase. Viele Hunde versuchen dann hinterher zu robben. Das wird natürlich sofort bestätigt, indem augenblicklich die Hand aufgeht und der Hund an seine Belohnung kommt.

Dasselbe können Sie natürlich auch mit Targetstick oder Spielzeug und Klicker erreichen. Wie immer ist Ihr Timing wichtig. Klicken Sie also genau in dem Moment, in dem der Hund sich auch gerade kriechend vorwärts bewegt und nicht, wenn er eben eine Pause macht.

Bei Hunden, die lieber aufstehen, genügt es oft schon, wenn Sie einfach nur die Hand über deren Rücken halten, ohne ihn jedoch zu berühren. Ehe Sie sich also bemühen, einen solchen Hund mit aller Gewalt unten zu halten, konzentrieren Sie sich lieber darauf, auch die kleinste Bewegung in die richtige Richtung zu belohnen, auch wenn das zunächst z. B. nur ein Stre-cken des Hundes ist. Der Rest ent-wickelt sich dann ganz von alleine. Mit jeder Form von Zwang verhindern Sie nur ein wirkliches Lernen.

Hat der Hund die Übung verstan-den, bauen Sie wieder nach und nach alle Hilfen ab. Jetzt haben Sie wieder unzählige Möglichkeiten: Fast alles, was der Hund gehend machen kann, kann er auch im Kriechen. So kann er kriechend FUSS oder HAND gehen, aber auch den SLALOM oder den ACHTER, ja sogar ZURÜCK kann er sich kriechend bewegen.

Hierbei können Sie ein ganz inter-essantes Experiment machen: Geben Sie dem Hund mal zwei Kommandos, die er bisher schon jedes für sich kennt, die aber zusammen etwas völlig anderes bedeuten, wie z. B. ZURÜCK und KRIECHEN. Schafft der Hund es ohne weitere Hilfe, richtig zu kombi-nieren, was gemeint ist? Wenn, ist das eine beachtliche Leistung! Und auch das schafft Ihnen wieder ganz viele Möglichkeiten, denken Sie z. B. an die Kombinationen HOCH und DREH DICH oder DIENER und DREH DICH.

Girlie und Beate haben das Kriechen in ihren Tanz eingebaut.

Heike zeigt uns mit ihrer Hündin, wie man das Kriechen einübt.

Wenn der Hund diese Kombination nicht zustande bringt, ist das auch nicht weiter schlimm. Dann müssen Sie sich eben etwas anderes einfallen lassen, den Hund dazu zu bringen, das von Ihnen gewünschte Verhalten zu zeigen. Bestimmt haben Sie im Laufe der Übungen schon einiges an Ideen bekommen und das Prinzip verstanden, was hinter der Ausbildung steckt. Und Sie wissen ja: Viele Wege führen nach Rom!

22. Spanischer Schritt
TIPP - TAPP

Die Reiter unter Ihnen werden wissen, was gemeint ist. Hierbei geht der Hund vorwärts und streckt dabei die jeweilige Vorderpfote deutlich nach vorne. Wenn diese Übung gut auf Signal funktioniert, können Sie damit sogar den Hund mit Ihnen zur Musik im Takt gehen lassen!

Zunächst lernt der Hund auf Kommando beide Pfoten zu geben. Sie können ihm dafür unterschiedliche Kommandos beibringen, Sie können aber auch dasselbe Wortkommando benutzen und eben mit Ihren Händen den Unterschied machen, indem Sie eben einmal die rechte Hand hinhalten, ein anderes Mal die linke.

Beides hat seine Vorteile. Wir können dem Hund beibringen, dass er sich eben wirklich nach unseren Schritten richtet und die dann eben zum Signal werden, wir können ihm aber auch über ein Wort sagen, wann er welche Pfote nach vorne strecken soll, was vielleicht ganz praktisch ist, wenn unsere Beine anderweitig beschäftigt sind. Optimal wäre es natürlich, der Hund kann beides, was reine Trainingssache ist.

Im Folgenden erklären wir den Aufbau, dass unsere Schritte das eigentliche Signal werden.

Wenn der Hund Ihnen auf Verlangen beide Pfoten (natürlich nacheinander) geben kann, ist der nächste Schritt, dass er sie Ihnen nicht in die Hand gibt, sondern aufs Knie. Mit Ihrer Hand strecken Sie dem Hund eine Weile auch Ihr Knie hin und nehmen dann die Hand immer mehr zurück, bis schließlich Ihr Knie als Signal ausreicht. Sie stehen jetzt immer noch vor dem Hund und der Hund sitzt oder steht ohne sich vorwärts zu bewegen.

Gibt Ihr Hund zuverlässig beide Pfoten, auch wenn Sie ihm das jeweilige Knie nur andeutungsweise hinhalten, so dass er es also nicht mehr berührt, drehen Sie sich als Nächstes Stückchen für Stückchen bis neben den Hund. Nun muss der Hund erst einmal umdenken, wobei Sie ihn wieder gut unterstützen sollten und jede kleinste Bewegung in die richtige Richtung anerkennen sollten. Jetzt soll nämlich der Hund seine linke Pfote heben, wenn Ihr linkes Knie hochgeht und seine rechte, wenn Sie Ihr rechtes Knie bewegen. Dieser Übergang wird erleichtert, wenn der Hund unterschiedliche Kommandos für jede Pfote gelernt hat. Dafür dauert es aber auch entsprechend länger, bis er das Heben der jeweils richtigen Pfoten wirklich 100%ig aufs Wort macht.

Wenn der Hund dann an Ort und Stelle sich mit Ihnen im Gleichschritt bewegen kann, gilt es, das noch in der Bewegung zu erreichen.

Damit haben Sie also die Möglichkeit, den Hund mit Ihnen im Gleichschritt gehen zu lassen. Sie können ihn auch an entsprechenden Stellen Ihrer Choreographie einfach einen Ausfallschritt machen lassen, ganz wie Sie wollen. Auch hier wird das Publikum begeistert sein.

Denken Sie nur daran: Wenn Sie eine Übung in Ihren Tanz einbauen, die wirklich im Takt klappen soll, sollte Ihr Hund diese Übung schon sehr gut beherrschen. Sonst fallen Fehler

Michaela und Silas tanzen im Gleichschritt.

Mandy und Attila üben den Spanischen Schritt in Bewegung.

unter Umständen deutlich auf, die sonst keiner als Fehler erkennen würde.

Aus diesem Grund ist es auch sinnvoll, den Hund nur auf Wortkommandos auszubilden. Dann fällt nämlich gar nicht auf, wenn er ein Kommando nicht befolgt. Geben Sie jedoch ständig vergeblich deutliche Zeichen, sieht selbst ein Laie, dass da etwas nicht ganz so läuft, wie es laufen sollte.

23. Seitwärtsgänge

Dabei bewegt sich der Hund seitwärts mit Ihnen. Er kann sich dabei entweder an Ihrer rechten oder linken Seite befinden und auf diese Weise sowohl nach rechts oder links mit Ihnen gehen. Oder er steht vor Ihnen und bewegt sich so entsprechend mit Ihnen seitwärts.

Dazu eine Vorübung: RAN

Der Hund richtet sich selbstständig an Ihrem jeweils rechten oder linken Bein aus, so dass er in der richtigen Richtung schön dicht an Ihrem Bein steht. Wenn Sie Glück haben, hat Ihr Hund schon genau dieses mit den Kommandos FUSS oder HAND verknüpft. Testen Sie es einfach aus, indem Sie sich aus der richtigen Position um einige Grade drehen und dann das

Kommando geben. Korrigiert sich der Hund dann selber, selbst wenn er das in der Grundstellung macht, sich also hinsetzt, haben Sie schon einige Vorteile. Sie brauchen dann nur noch - am besten wieder mit Klicker - das Stehen einzufangen. Korrigiert sich der Hund jedoch nicht, werden wir ihm das im Folgenden beibringen.

Zunächst sollte der Hund wieder das Kommando STEH kennen. Sie stellen ihn dann hin, halten ihm ein Leckerchen vor die Nase und *SIE* drehen sich in die richtige Position, d. h. schön an die Seite Ihres Hundes. Sie haben richtig gelesen: Sie zerren oder schieben nicht den Hund, sonders Sie stellen sich an die richtige Stelle. Dann bekommt der Hund das Kommando RAN und die Leckerchen. So kann er dann nämlich erst einmal lernen, was von ihm erwartet wird.

Erst wenn Sie das einige Male wiederholt haben, dass der Hund auch eine Idee hat, worauf es ankommt, stellen Sie sich zunächst mal nur etwas schräg und schauen, ob sich der Hund schon auf Kommando richtig ausrichtet. Wenn nicht, können Sie ihn ruhig noch mit Leckerchen in die richtige Position locken. Das sollten Sie so nach und nach aus allen möglichen Positionen üben, so dass der Hund lernt, bei RAN soll er immer an der linken Seite seines Hundeführers stehen. Üben Sie das Ganze auch für die

rechte Seite z. B. mit dem Kommando BEI.

Jetzt das Seitwärtsgehen:

Sie holen Ihren Hund RAN. Mit einem Leckerchen in der linken Hand führen Sie seinen Kopf, während Ihr rechtes Bein hinter Ihrem linken nach links kreuzt, wie es uns Mandy auf dem Foto zeigt. Schon eine Seitwärtsverlagerung des Gewichtes des Hundes wird überschwänglich belohnt. Nach und nach verlangen Sie immer mehr.

Sollte der Hund hinten ausscheren und nur sein Hinterteil nach links bewegen, können Sie ihn mit dem Leckerchen vorne korrigieren, indem Sie die Hand weiter von sich weg halten.

Auch hier müssen Sie aber wieder flexibel sein. Bei den meisten Hunden klappt es auf diese Art. Michaela hatte mit Silas jedoch das Problem, dass er sich immer nach vorne drehte. Sie hat daraufhin das rechte Bein nicht hinter dem linken gekreuzt, sondern davor und siehe da....es funktionierte!

Wenn der Hund auf diese Art einige Schritte schön seitwärts nach links geht, verknüpfen Sie das mit dem Kommando WEG.

Üben Sie anschließend dasselbe auf der HAND-Seite in die andere Richtung mit dem Kommando SEIT. Jetzt hat der Hund beide Seitwärtsbewegungen mal gemacht und kann seine Beine koordinieren.

So könnte es aussehen: Girlie geht schön ausgerichtet seitwärts.

Mandy zeigt uns hier die Beinstellung für das Seitwärtsgehen.

Nun nehmen Sie den Hund auf die Fuß-Seite. Sie bewegen sich seitlich nach rechts und geben dem Hund das Kommando SEIT. Wenn er schon das richtige verknüpft hat, wird er Ihnen im Seitwärtsgang folgen; wenn nicht locken Sie ihn mit dem Kommando SEIT-RAN. Begnügen Sie sich anfangs wieder nur mit einem Schritt. Der Rest kommt ganz von alleine, wenn der Hund verstanden hat, worum es geht. Nach einigen Wiederholungen können Sie das Kommando RAN weglassen.

Üben Sie dasselbe entsprechend auf der anderen Seite mit WEG-RAN.

Die Seitwärtsbewegung können Sie jetzt so weiter entwickeln, dass der Hund sich auch auf diese Weise bewegt, wenn Sie frontal vor ihm stehen. Entweder bauen Sie das aus dem bisher Geübten auf. Dazu nehmen Sie den Hund links neben sich. Sie bewegen sich seitwärts nach rechts und geben dem Hund das Kommando SEIT. Während des Gehens drehen Sie sich dabei vor den Hund. Belohnen Sie ihn überschwänglich, wenn er in dieser Position auch nur noch einen Zentimeter weiter seitwärts geht.

Eine andere Möglichkeit ist, dass Sie die Übung mit Stöcken als Verlängerung Ihrer Arme aufbauen. Vielleicht kennt Ihr Hund diese Armverlängerungen schon aus Übung 5. Dann muss er noch lernen, dass er dem anliegenden Stock ausweichen soll. Gehen Sie dabei äußerst behutsam vor. Achten Sie hierbei wieder auf eventuelle Stresssymptome!

Für die Wahl des Kommandos achten Sie auf die Bewegungsrichtung des Hundes. In unserem Beispiel bewegt er sich bei SEIT nach rechts. Wenn er also frontal zu Ihnen steht, gehen Sie nach links, geben dem Hund jedoch das Kommando SEIT.

24. Alles Mögliche rückwärts

Hier bauen wir auf Übung Nummer 5 auf, wo der Hund schon gelernt hat, rückwärts zu gehen, wenn er frontal zu uns steht.

Als Nächstes lernt er, dass ZURÜCK auch heißt, dass er gerade rückwärts geht, wenn er neben uns ist, egal auf welcher Seite. Dazu können Sie sich gut wieder die Gasse als Hilfe nehmen. Sie können auch zunächst an einer Mauer üben, so dass eben die eine Seite begrenzt ist. Sie können sich nun von der frontalen Position Stück für Stück in die seitliche Position drehen. Sie können aber auch den Hund direkt an Ihrer Seite haben und hier noch einmal die Übung von vorne an-

fangen, indem Sie den Hund jetzt nur mit Leckerchen oder Spielzeug zurück locken. Denken Sie daran, schon den ersten Schritt in die richtige Richtung zu loben. Durch die Vorübung für das ZURÜCK wird der Hund schon eine Idee haben, was von ihm erwartet wird, so dass Sie jetzt entsprechend schneller weiter kommen. Das muss aber nicht sein. Richten Sie sich einfach ganz nach Ihrem Hund und seien Sie möglichst nie enttäuscht. Der eine hat halt eben hier seine Stärken, der andere woanders. Nehmen Sie Ihren Hund wie er ist und sehen Sie die Ausbildung immer wieder als Herausforderung an Ihr Können.

Sie können hierbei mit den Leckerchen etwas steuern, dass der Hund auch schön gerade zurück geht, indem Sie Ihre Hand nach außen führen, wenn das Hinterteil des Hundes nach außen wegdriften sollte. Eventuell dreht er sich dann gerade.

Wenn Sie das RAN schon geübt haben, können Sie ihn auch damit wieder ausrichten. Besser ist jedoch, Sie gestalten die Übung von Anfang an so, dass das gar nicht erst vorkommt.

Hat der Hund verstanden, dass er auch neben Ihnen rückwärts geht, können Sie ihm auch noch beibringen, dass er aus allen möglichen Positionen von Ihnen weg rückwärts geht. Oder Sie können ihn z. B. VORAUS schicken und dann mit ZURÜCK wieder rückwärts zu Ihnen hinrufen. Wieder eine neue Herausforderung! Dafür können Sie den Hund mit STEH oder WARTE aus dem FUSS stehen lassen und selber dann erst mal einen Schritt zurück gehen. Dann geben Sie dem Hund das Kommando ZURÜCK. Bei den entsprechenden Vorübungen, wird er verstehen, was gemeint ist. Sie können dann den Abstand zwischen sich und dem Hund Stück für Stück erhöhen. Aber denken Sie wieder daran: Gehen Sie nur so zügig vor, wie Ihr Hund erfolgreich ist! Macht er einen Fehler, waren Sie zu schnell, bzw. haben zu wenige Zwischenschritte in die Übung eingebaut, die Ihr Hund eben zum Verständnis braucht.

Auch Übungen wie das Umrunden, den Slalom oder die Acht kann der Hund rückwärts laufen. Das sieht immer recht spektakulär aus.

Experimentieren Sie hier doch wieder einfach mal, ob der Hund ZURÜCK - ACHTER richtig versteht. Wenn nicht, ist das nicht schlimm. Sie wissen ja: Es gibt immer mehrere Wege! Aber jetzt der Reihe nach:

Rückwärts umrunden KREISEL-RETOUR:

Ihr Hund sollte hierfür das RAN beherrschen. Sie haben den Hund an der linken Seite neben sich stehen. Jetzt drehen Sie sich ein ganz klein wenig zu Ihrem Hund hin und lassen Sie ihn sich mit RAN korrigieren. Wenn er das verstanden hat, können Sie viele kleine Schritte hintereinander machen, so dass der Hund so schon mit Ihnen rückwärts im Kreis geht. Üben Sie das, bis er es richtig gut drauf hat. Viele Hunde entwickeln richtig Tempo dabei.

Wenn das der Fall ist, bleiben Sie aus der Bewegung stehen und belohnen Sie ganz genau das, wo der Hund sich weiterdreht, nachdem Sie schon standen. Dafür wird dann auch das endgültige Kommando RETOUR eingesetzt. Mit der Zeit brauchen Sie sich immer weniger zu drehen, während der Hund Sie dann selbstständig rückwärts umrundet. Dasselbe üben Sie auch in die andere Richtung mit KREISEL.

Slalom rückwärts:

Mit all diesen Vorübungen können Sie den Hund Slalom rückwärts gehen lassen, ohne ihn berühren zu müssen. Sie beginnen mit RAN. Dann geben Sie das Kommando RETOUR, während Sie Ihr rechtes Bein weit nach hinten stellen. Der Hund wird sich dann um Ihr linkes Bein alleine drehen. In dem Moment, wenn der Hund genau zwischen Ihren Beinen ist stoppen Sie ihn entweder mit STEH oder noch besser mit einer Belohnung. Von da aus geht es nun weiter mit KREISEL, wobei gleichzeitig Ihr linkes

Bein zurück tritt. Nach einigen Wiederholungen können Sie das Stehen zwischen Ihren Beinen weglassen. Wahrscheinlich wird der Hund diese Übung schon mit der Beinbewegung verknüpft haben, so dass Sie nur noch zu Beginn ein Kommando geben brauchen, damit der Hund auch weiß, dass er rückwärts gehen soll.

Achter rückwärts:
Diese Übung wird prinzipiell so wie der Slalom rückwärts aufgebaut, nur dass Sie sich eben jetzt nicht rückwärts bewegen, sondern mit weit gegrätschten Beinen stehen.

25. Tanzen auf Entfernung

Nach den in anderen Ländern bestehenden Turnierregeln ist eben ein Unterschied zwischen Dogdancing und Heelwork to Music, dass beim Dogdancing auch auf Entfernung getanzt werden darf oder auch soll. Auf Entfernung bekommen Sie den Hund z. B. indem Sie ihn mit WARTE an einer Stelle halten, sich selber währenddessen wegbewegen oder aber indem Sie ihn ZURÜCK schicken, selber aber stehen bleiben oder auch rückwärts gehen. Auch mit einem normalen VORAUS, wie es oft zur Grundausbildung eines Hundes gehört, erreichen Sie zwischen sich eine Entfernung.

Das ist alles noch relativ einfach. Etwas komplizierter wird es, wenn Sie dem Hund beibringen, auch auf Entfernung andere Übungen wie z. B. TANZEN, DREH DICH, DIENER oder HOCH zu machen. Letztendlich üben Sie das aber genauso wie ein SITZ auf Entfernung, indem Sie eben Stück für Stück die Strecke zwischen sich und dem Hund vergrößern, bis er das gewünschte Verhalten auch dann zeigt, wenn Sie mit einigen Metern Abstand das Kommando geben. Unter Umständen müssen Sie dabei wieder in ganz kleinen Schritten vorgehen und dem Hund gut helfen, weil es für ihn etwas vollkommen anderes sein kann, ob er z. B. neben Ihnen einen DIENER macht oder in einiger Entfernung. Wenn Sie den Hund jedoch in genügend kleinen Schritten dahin bringen, dürfte es kein Problem geben.

Eine schöne Übung ist auch das Umrunden auf größere Entfernung. Vielleicht versteht Ihr Hund das, wenn Sie VORAUS und RUNDE verbinden.

Sie können ihm diese Übung aber auch mit unseren Flaschen, die wir beim ZURÜCK brauchten, beibringen. Stellen Sie dazu einige Flaschen direkt um sich herum auf und geben Sie dem Hund das Kommando RUNDE oder ZIRKEL für die andere Richtung. Dann schieben Sie die Flaschen mehr und mehr nach außen, wobei Sie so langsam vorgehen sollten, dass der Hund wirklich immer an der Außenseite der Flaschen läuft. Eventuell können Sie das Kommando mit einem ausgestreckten Arm unterstützen. Oder Sie führen an dieser Stelle neue Kommandos ein, die eben nur für das Umrunden auf Entfernung gebraucht werden. Nun gilt es, die Hilfen nach und nach abzubauen, indem Sie die Flaschen durch kleine Klötzchen z. B. ersetzen, bis keine Hilfe mehr da ist.

Wenn der Hund dann das Umrunden auf Entfernung und zusätzlich einige andere Kommandos auf Entfernung beherrscht, können Sie ihn während der Runde z. B. TANZEN lassen oder was auch immer.

Sie haben jetzt sozusagen 1001 Möglichkeiten. Seien Sie kreativ, experimentieren Sie und nutzen Sie, was Ihr Hund Ihnen bietet!

Eigene Kreationen

Dass der Hund einem etwas bietet, lässt sich zusätzlich noch trainieren. Man kann die Kreativität des Hundes steigern. So lassen sich dann Tanzschritte kreieren, die man nur schwer beschreiben kann, die eben ganz individuell dieser Hund mit seinem Menschen entwickelt haben. Das sind meist ganz besondere »Tanzschritte«, weil die eben auch nicht jeder so einfach nachmachen kann.

Bärchen und Ayla.

Zum einen können Sie als menschlicher Tanzpartner viele Ideen aus dem Beobachten der Hunde sammeln. Vor allem, wenn die Hunde spielen, zeigen sie viele Bewegungen, die nicht so normal sind und die man auch sehr gut in einen Tanz mit einbauen könnte. Auf unserem Foto z. B. zeigt Bärchen eine Spielaufforderung, während Ayla, die Eurasier-Hündin, sich ihm auf allen Vieren hüpfend näherte. Im solchen Augenblicken ist es gut, einen Klicker dabei zu haben. Ayla wird dann für diese Bewegung geklickt und die Wahrscheinlichkeit erhöht sich, dass sie es wieder zeigen wird. Das muss nicht gleich sein. Haben Sie einfach Geduld und sehen Sie jeden Klick in solchen Situationen wie ein Einzahlen auf ein Konto. Wenn Sie auch nicht sofort etwas Greifbares in der Hand haben, ist er doch nicht verloren und wird sich eventuell einmal auszahlen, bestimmt dann, wenn Sie schon gar nicht mehr damit rechnen. Das ist also ein Weg, an schöne Tanzelemente zu kommen.

Ein anderer Weg könnte sein, dass Sie mit Ihrem Hund von Zeit zu Zeit einfach mal zu einer schönen Musik spielen. Ohne irgendetwas bestimmtes zu üben, tanzen Sie einfach im Takt und fordern Sie den Hund auf, mitzumachen. Auch dabei können ganz witzige Sachen herauskommen. Versuchen Sie wieder, die entsprechenden Bewegungen mit Klicker »einzufangen«. Vielleicht bekommen Sie aber auch eine Idee, wie Sie diesen gewünschten Tanzschritt schrittweise formen können.

Auch den Einfallsreichtum des Hundes kann man systematisch steigern. Das geht ebenfalls am besten mit Klicker. Beginnen Sie zunächst mit irgendeinem Gegenstand. Das kann ein Eimer, ein Skateboard oder was auch immer sein. Für alles, was der Hund mit diesem Gegenstand macht, bekommt er den Klick mit der dazugehörigen Belohnung. Der Gegenstand ist in erster Linie zunächst nicht dazu gedacht, im Tanz eingebaut zu werden (was aber unter Umständen durchaus möglich ist!). Es ist nur für Sie und den Hund am Anfang einfacher, sich auf Verhaltensweisen zu konzentrieren, die konkret was damit zu tun haben. So wird der Hund dann zunächst für ein Angucken des Eimers z. B. geklickt, dann für ein sich Nähern, für ein Berühren mit der Nase, mit der Pfote, für ein Umrunden, für ein Umstupsen oder ein Weiterkullern usw. Ist Ihr Hund auf die herkömmliche Weise ausgebildet und es von daher nicht gewohnt, selbstständig bestimmte Sachen anzubieten, brauchen Sie einiges an Geduld. Sie können dann zur Not auch »pfuschen«, indem Sie den Eimer zuerst einmal mit Leckerchen präparieren. Dann bekom-

Beate und Girlie lassen sich neue Sachen einfallen.

men Sie Gelegenheiten zu klicken, möglichst bevor der Hund das Leckerchen nimmt. Oder Sie werfen nach einem Klick die Leckerchen immer wieder so zu dem Gegenstand, dass sich der Hund immer anders bewegen muss. Vielleicht sind die ersten Versuche bei einem solchen »Cross-Over-Hund« etwas mühsam. Haben Sie aber einfach Geduld. Sie werden sehen, je öfter Sie diese Übung machen, desto

selbstständiger wird Ihr Freund. Stellen Sie diese Kreativitätsaufgaben möglichst immer an der gleichen Stelle, nennen wir sie Einfallsecke. Dadurch helfen Sie Ihrem Hund. Er weiß dann bald, was auf ihn zukommt, wenn Sie wieder in die Einfallsecke gehen. Wenn Sie dem Hund dann einen neuen Gegenstand bei dieser Übung präsentieren und er sofort einige verschiedene Möglichkeiten zeigt,

Pat und Patachon mit ihrer eigenen Kreation.

gen soll. Anfangs wird er bestimmt alle Kunststücke zeigen, die ihm in der Vergangenheit schon Belohnungen eingebracht haben. Wenn er die dann alle durch hat, wird es spannend! Was wird er sich als Nächstes einfallen lassen, wenn er verstanden hat, dass er immer etwas Neues bieten muss, um an die Belohnung zu kommen? Lassen Sie sich überraschen und haben Sie auf alle Fälle einen ganz besonderen Jackpot parat, um diesen Einfallsreichtum des Hundes auch gebührend zu belohnen!

Verlangen Sie nur nie zu viel von Ihrem Hund und seien Sie auch schon mit Kleinigkeiten zufrieden. Vielleicht haben Sie ja Glück und Ihr Hund ist von Haus aus sehr kreativ. Wenn nicht, seien Sie nicht enttäuscht. Regelmäßiges Kreativitätstraining in der »Einfallsecke« wird sich früher oder später bemerkbar machen.

Für den Anfang haben Sie ja ohnehin noch genug mit dem Erlernen der »normalen« Figuren zu tun. Aber Sie sehen hier, dass es beim Tanzen mit dem Hund eigentlich nie ein Ende gibt. Das ist auch für uns mit das Faszinierende an diesem Sport: Wir können immer weiter lernen und experimentieren! Es wird also nie langweilig.

was man damit machen kann, sind Sie »reif« für den nächsten Schritt: Gehen Sie diesmal ohne Gegenstand in die Einfallsecke und klicken Sie einfach jede neue Bewegung Ihres Hundes. Wenn Sie dabei nie ein und dieselbe Sache zweimal klicken, kann der Hund lernen, dass er immer was Neues zei-

Tanzen mit zwei Hunden

Auch das ist wieder eine weitere Herausforderung: mit zwei Hunden gleichzeitig tanzen! Den einen auf der Hand- den anderen auf der Fuß-Seite, kann man viele schöne Sachen machen, eben ganz normal vorwärts, seitwärts und rückwärts gehen. Auch kann man sie gleichzeitig TANZEN lassen. Wenn beide Hunde einzeln gut ausgebildet sind und in ihrem Schritt in etwa zusammenpassen, sind diese Sachen relativ einfach. Schwieriger wird es, wenn man beide unterschiedliche »Tanzschritte« zeigen lässt. Man muss dabei selber schon sehr wachsam sein, um das alles zu koordinieren, eben die Bewegung der beiden Hunde und dann auch noch seine eigene. Aber das Ergebnis ist der Mühe wert.

Tanzen zu dritt.

Oft taucht die Frage auf, ob man auch mit zwei Hunden gleichzeitig klickern kann. Man kann. Dafür ist es ganz sinnvoll, sich zwei verschiedene Klicker zu beschaffen, wobei Sie sich eben merken müssen, welcher Klicker für welchen Hund ist. Vielleicht denken Sie jetzt: Es ist ja schon schwierig, überhaupt an Klicker zu kommen, wie soll man erst zwei verschiedene Fabrikate finden? Aber dem können Sie auch abhelfen, indem Sie das Metallblättchen des einen mit einem Stück Stoff oder Gummi bekleben, so dass es einen anderen Ton ergibt. Das reicht unter Umständen schon aus. Wenn nicht, wenn Sie also merken, dass beide Hunde auf beide Klicker reagieren, führen Sie ein Unterscheidungstraining durch. Das machen Sie ähnlich wie ganz zu Anfang das Konditionieren des Klickers. Diesmal jedoch arbeiten Sie mit beiden Klickern, dem normalen und dem präparierten. Am besten machen Sie das mit jedem Hund einzeln. Klicken Sie beide Klicker in immer wieder unterschiedlicher Reihenfolge, wobei der Hund nur bei »seinem« Klicker die Belohnung bekommt, bei dem anderen jedoch leer ausgeht. Wichtig ist wirklich, dass Sie nicht in ein bestimmtes Schema verfallen, wann Sie welchen Klicker betätigen. So ist dann für den Hund der einzige Hinweis der unterschiedliche Klang. Schnell wird er lernen, welcher Ton für ihn wichtig ist und den anderen bald überhören. Dasselbe machen Sie dann noch mit dem anderen Hund. Geben Sie nur Acht, dass Sie die Klicker nicht vertauschen. So vorbereitet, können Sie dann mit beiden Hunden gemeinsam trainieren und jeden individuell belohnen.

Was für alle Figuren gilt

Nun haben wir eine Menge »Tanzschritte« mit dem Hund eingeübt. Damit Sie sie auch wirklich im Tanz verwenden können, sollten Sie noch zwei Dinge beachten:

Zum einen sollten Sie bei allen Figuren auf eine variable Belohnung hinarbeiten. Der Hund soll nämlich auch lernen, dass es sich auch ohne Leckerchen zu arbeiten lohnt, weil irgendwann die Belohnung schon kommt. Damit macht man für den Hund die Arbeit noch spannender und er wird noch eifriger bei der Sache sein.

Zum anderen sollten Sie alle Übungen unter immer stärker werdender Ablenkung trainieren. Sie wissen nämlich nicht immer, wer sich unter Ihrem Publikum befindet. Das können andere Hunde sein, die vielleicht auch bellen, es können springende Kinder sein und wahrscheinlich auf jeden Fall applaudierende Menschen. Daran sollten Sie den Hund auf alle Fälle schon im

Training gewöhnen. Es bleiben selbst dann noch genug Situationen, die dennoch neu sind.

Versuchen Sie aber, alles was Ihnen an Ablenkung einfällt, auch ins Training einzubauen.

Versuchen Sie jetzt auch schon, die verschiedenen Kunststücke zu kombinieren. Testen Sie aus, was gut zusammen passt oder wo Sie eventuell Zwischenschritte einbauen müssen.

Jetzt wird's musikalisch!

Wie findet man die richtige Musik?

Wenn Sie glauben, wenn Sie mit der Ausbildung des Hundes erst einmal bis hierhin sind, geht der Rest ganz schnell, müssen wir Sie leider enttäuschen! Ein großes Stück Arbeit fängt jetzt erst an. Sie können mit der Suche nach der geeigneten Musik natürlich schon während des Einstudierens der Tanzfiguren beginnen. Das ist ganz praktisch. Denn erfahrungsgemäß braucht es eine Menge Zeit, die richtige Musik zu finden. Ohnehin werden Sie vielleicht eine Menge Musikeinfälle aus irgendwelchen Gründen wieder verwerfen.

Worauf es ankommt

Die Musik, die Sie auswählen, sollte Ihnen natürlich gefallen! Sie werden sie nämlich etliche Male wieder und wieder hören müssen, bevor der Tanz endgültig »steht«. Wenn Sie mit dem Gedanken spielen, Ihren Tanz auch einmal in der Öffentlichkeit zeigen zu wollen, sollte das Musikstück möglichst ein Evergreen sein. Schließlich wollen Sie dem Publikum etwas bieten, was auch gefällt! Und die Musik ist ein Teil davon.

Die Musik sollte im Tempo zu Ihrem Hund passen. Eine ungefähre Idee über das Tempo Ihres Hundes bekommen Sie schon, wenn Sie mit ihm BEI FUSS gehen. Nehmen Sie sich also Ihren Hund und gehen Sie los. Wählen Sie das Tempo, was für den Hund und auch für Sie am angenehmsten ist. Sie sollten Ihren Vierbeiner nicht antreiben oder bremsen müssen! Je besser er natürlich in der BEI FUSS-Arbeit ausgebildet ist, desto eher sind Sie im Tempo auch etwas flexibel. Versuchen Sie also ruhig auch einmal kleinere schnelle Schritte oder größere langsame Schritte in Ihrer Arbeit einzubauen, um zu sehen, wie der Hund darauf reagiert.

Wenn Sie nun Ihr Grundtempo gefunden haben, können Sie in Frage kommende Musikstücke dazu laufen lassen und einfach mal sehen, ob es passt. Sie sollten einigermaßen im Takt gehen können! Wenn das klappt, können Sie schon die entsprechenden Stücke in die engere Wahl nehmen. Außerdem bekommen Sie bei dieser Übung schon mal ein Gefühl für Tempo und Rhythmus. Wenn Sie es damit gar nicht haben, bitten Sie einfach einen Bekannten zu schauen, ob die Musik zu Ihrem Tempo passt. So passt zu einem Bernhardiner wahrscheinlich eher etwas Getragenes, zu einem Foxterrier eher etwas Leichtes und Schnelles. Das ist jedoch von Hund zu Hund verschieden und man sollte sich hüten, alle Hunde einer Rasse über einen Kamm scheren zu wollen!

Das ist auch das Schöne am Tanzen mit dem Hund: Jeder Hund und jedes Hund-Mensch-Team ist einzigartig! Mit den selben zu Grunde liegenden Tanzfiguren, kommt man zu völlig unterschiedlichen Tänzen!

Nun haben Sie also ein oder mehrere Stücke gefunden, die gut zu Ihnen und Ihrem Hund passen, wenn Sie normal BEI FUSS gehen.

Viele Hunde haben jedoch beim Ausführen der einzelnen Tanzfiguren ein etwas anderes Tempo, als wenn sie nur BEI FUSS gehen. Entweder werden sie sehr eifrig und damit schneller, oder es dauert etwas, bis sie die ihnen gegebenen Zeichen umsetzen. Damit wird das Endergebnis dann etwas langsamer als dieses Grundtempo. Versuchen Sie das herauszufinden, indem Sie wahllos einige Tanzfiguren aneinander hängen. Empfehlenswert ist z. B. FUSS-ACHTER-SLALOM-VOR-FUSS, sofern Sie die einzelnen Teile schon trainiert haben. Wenn nicht, nehmen Sie eben eine andere Übungsfolge. Gönnen Sie sich und Ihrem Hund erst einige Übung. Wenn Sie das Gefühl haben, er beherrscht diese aneinander gehängten Figuren flüssig und gut, beurteilen Sie das Tempo. Ist der Hund schneller oder langsamer, als Ihr herausgefundenes Grundtempo oder passt es immer noch? Das wäre das Optimale. Andernfalls müssen Sie Ihre Musikauswahl noch mal abändern. Es ist nämlich sehr störend, wenn Sie den Hund in einer Aufführung immer wieder bremsen oder antreiben müssten. Allerdings sind Hunde auch keine Maschinen. Nehmen Sie sich bei alledem also nicht vor, dass Ihr Hund im Takt gehen sollte! Das wäre zu viel verlangt. (Kurzzeitig ist aber sogar das bei entsprechender Übung möglich!)

Aus einzelnen Kunststücken wird ein Tanz
Wie lang sollte das Musikstück sein?

Für den Anfang empfehlen wir eine Länge von höchstens eineinhalb bis zwei Minuten. Sie werden sich wundern, wie lang das ist! Wenn Sie und Ihr Hund dann erstmal Erfahrungen mit Ihrem ersten Stück gesammelt haben, können Sie als Nächstes auch gerne ein längeres wählen. Allerdings sollten Sie dafür dann auch entsprechend viele Kunststücke einbauen können, damit es für die Zuschauer das ganze Stück durch spannend bleibt und nicht immer ein und dieselben Sachen wiederholt werden.

Nun haben Sie sich jedoch schon für ein Stück entschieden, was deutlich länger als diese 1,5 bis 2 Minuten ist. Das macht nichts, ist sogar eher noch von Vorteil! Jedes Musikstück hat nämlich meist Passagen, die sich etwas lang ziehen oder die recht monoton sind. Solche Teile werden herausgeschnitten.

An die Arbeit:

Für den Anfang ist ein Stück mit Text ganz geeignet, weil man da schon anhand des Textes hört, wann Wiederholungen kommen. Das macht die Arbeit mit dem Musikstück um einiges leichter, es sei denn, Sie sind Musiker und haben ein gutes Gehör für solche Dinge. Wir beschreiben hier eine Art des Vorgehens, wozu man nicht unbedingt musikalisch sein muss, so dass sich jeder, der gerne möchte, eine Musik für seinen Tanz mit dem Hund zusammenstellen kann.

Hören Sie sich nun Ihr ausgewähltes Stück immer und immer wieder an, bis Sie es wirklich im Schlaf können. Als Nächstes versuchen Sie, es zu Papier zu bringen. Keine Angst! Auch hierfür brauchen Sie nicht unbedingt Musikkenntnisse oder müssen hören können, um was für Noten es sich handelt! Es reicht, wenn Sie sich bestimmte Zeichen machen, die auch nur Sie verstehen müssen. Dabei sollten Sie für gleich klingende Musiksequenzen auch die gleichen Zeichen verwenden.

So sieht z. B. unser Beispielstück »Take me home, country roads« aus:

————————	Einleitung, instrumental
uuuuuuuuuuu	Almost heaven, West Virginia,
uuuuuuuuuuu	Blue Ridge mountains Shenandoah river
ΦΦΦΦΦΦΦΦΦΦΦΦ	life is old there, older than the trees
ΦΦΦΦΦΦΦΦΦΦΦΦ	younger than the mountains, growin` like a breeze
oooooooooooo	Country roads, take me home
oooooooooooo	to the place I do belong
oooooooooooo	West Virginia, mountain mamma
oooooooooooo	take me home, country roads. (&)
♣♣♣♣♣♣♣♣♣	I hear the voice in the mornin` hours she calls me
♣♣♣♣♣♣♣♣♣	the radio reminds me of my home far away
♣♣♣♣♣♣♣♣♣	and driving down the road I get a feelin`
♣♣♣♣♣♣♣♣♣	that I should have been home yesterday
♣♣	yesterday

Das ist schon die entsprechend gekürzte Form, einfach, damit Sie mal sehen, wie so etwas aussehen kann. Dies brauchen wirklich nur Sie alleine zu verstehen, was Ihre Zeichen bedeuten.

Das Wichtige ist, dass Sie auf diese Art – oder vielleicht haben Sie noch eine bessere Idee – genau wissen, wann welcher Teil in der Musik kommt, wann es Wiederholungen sind und wann besonders schöne Teile kommen, die sich gut für spezielle Kunststücke eignen.

Jetzt machen Sie sich ans Kürzen. Es empfiehlt sich, den Anfang und das Ende eines Stückes zu behalten, aus der Mitte jedoch einen Teil herauszuschneiden.

Wenn das Lied z. B. aus mehreren Strophen besteht, kann man nach der ersten Strophe den Refrain belassen, den Rest herausschneiden und den Schluss wieder beibehalten, so wie wir es in dem Beispielstück gemacht haben.

Sie können das praktisch so machen, dass Sie sich genau die Zeit markieren, wann die entsprechenden Teile anfangen oder enden und beim Überspielen von einem Recorder auf den anderen entsprechend lange die Pausetaste drücken. Das erfordert einiges an Geschick und eine Menge Nerven, jeweils wirklich genau den richtigen Punkt zu treffen! Einfacher geht das heutzutage mit Computer, wo man wirklich punktgenau bestimmte Sequenzen aus einem Musikstück herausschneiden kann.

Wenn Sie auch selber technisch nicht so ausgestattet sind, haben Sie bestimmt einen netten Menschen in Ihrem Bekanntenkreis, der das für Sie machen kann.

Jede Tanzfigur bekommt ihren Platz

Wenn Sie nun Ihr Musikstück auf Papier gebracht und es entsprechend gekürzt haben, gilt es als Nächstes, die einzelnen Tanzfiguren an ihre Plätze zu bringen. Dabei achten Sie darauf, dass Ihre schönsten und spektakulärsten Tricks auch an die jeweiligen Höhepunkte in der Musik kommen.

Überlegen Sie sich also zunächst grob, wo Sie was einbauen wollen; wo langsame oder schnellere Musiksequenzen vorkommen und welche Ihrer Kunststücke jeweils dazu passen. Wenn Sie sich das dann ungefähr vorstellen können, wird als Nächstes Schritt für Schritt der ganze Tanz aufgebaut.

Da Sie das Stück zu dieser Zeit schon unzählige Male gehört haben, wird es Ihnen leicht fallen, das erst einmal ohne Hund und ohne Musik auf dem Papier zusammenzustellen.

In unserem Beispiel sah das dann so aus:

———————	RUNDE
⅏⅏⅏⅏⅏⅏⅏⅏⅏⅏⅏	FUSS
⅏⅏⅏⅏⅏⅏⅏⅏⅏⅏⅏	FUSS
ϕϕϕϕϕϕϕϕϕϕϕϕ	VOR
ϕϕϕϕϕϕϕϕϕϕϕϕ	ZURÜCK
oooooooooooo	ACHTER
oooooooooooo	SLALOM
oooooooooooo	DRUNTER
oooooooooooo	TANZEN (beide)
♣♣♣♣♣♣♣♣♣♣	HAND
♣♣♣♣♣♣♣♣♣♣	WARTE-HOPP (Arme)
♣♣♣♣♣♣♣♣♣♣	FUSS
♣♣♣♣♣♣♣♣♣♣	FUSS
♣♣	DIENER-ARM

Jetzt haben Sie den Tanz also auf dem Blatt stehen. Als Nächstes gilt es, ihn nach und nach genau der Musik anzupassen. Dafür hören Sie sich das Musikstück wieder Stück für Stück an und üben Sie zunächst Ihren Schritt ohne Hund dazu. Nehmen Sie sich dann erst Ihren Hund dazu und probieren Sie aus, ob es so klappt, wie Sie es sich vorgestellt haben.

Dabei sehen Sie wieder, wie es mit dem Tempo aussieht. Passt es, wird Ihr Hund schneller oder neigt er dazu langsamer zu werden? In gewissen Grenzen können Sie das ausgleichen, indem Sie Ihre Schritte vergrößern oder verkleinern. Jetzt können Sie dann auch die genaue Anzahl der Schritte festlegen, die Sie eben entweder FUSS, HAND, SLALOM - oder

was auch immer - gehen und damit nun die vollständige Choreografie ausarbeiten.

Herzlichen Glückwunsch! Damit haben Sie ein gutes Stück Arbeit geleistet!

Wenn aber Ihr Tanz jetzt auch Schritt für Schritt genau festgelegt auf dem Papier steht, sollten Sie sich von Zeit zu Zeit immer mal wieder in der Improvisation üben. Wenn Ihr Hund beim Üben eine Aufgabe nicht so macht, wie er es sollte, versuchen Sie das einfach zu überspielen. Lassen Sie die Musik weiter laufen und machen Sie das Beste daraus. Das wird Ihnen nämlich wahrscheinlich auch beim Auftritt einmal passieren. Hunde sind eben keine Maschinen, die einfach nur funktionieren. Bei entsprechender

Übung im Improvisieren wird aber niemandem im Publikum auffallen, dass da eigentlich etwas falsch gelaufen ist.

Noch eine Anmerkung zum Training des nun fertigen Tanzes: Vermeiden Sie es, immer und immer wieder mit dem Hund den gesamten Tanz am Stück zu üben! Stattdessen üben Sie besser eventuell schwierige Passagen öfter auch ohne Musik. Auch mit Musik werden besser immer nur Ausschnitte geübt und der Hund wird zwischendrin immer wieder gelobt, wenn er etwas besonders gut gemacht hat, auch wenn die Musik dann ohne Sie beide weiter läuft. Bei allem sollte nämlich der Spaß und die Motivation immer im Vordergrund stehen. Im Endeffekt erreicht man damit auch die besten Ergebnisse, auch wenn es einem zunächst gar nicht so vorkommen mag.

Wie tanzt der Mensch dazu?
Schön sieht es aus beim Tanzen mit dem Hund, wenn auch Sie sich mit Händen und Füßen im Tanzschritt bewegen. Ihrem Einfallsreichtum sind da keine Grenzen gesetzt. Wichtig ist nur, dass Sie vorher mit dem Hund genau trainiert haben, dass er alle Kunststücke wirklich nur auf Wortkommando ausführt. Dann sind Sie nämlich völlig unabhängig. Wir halten es immer so, dass aber der Hund der

Hauptdarsteller bleibt. Ihm wollen wir nicht die Show stehlen. Aber mit einigen entsprechenden Bewegungen des menschlichen Tanzpartners kann man die Leistungen des Hundes noch schön unterstreichen.

Wenn Sie selbst keinerlei Ideen haben, bitten Sie vielleicht jemanden mit Erfahrungen im Tanzen um Hilfe. Vielleicht haben Sie sogar eine Balletttänzerin im Bekanntenkreis oder jemanden, der sich mit Jazztanz befasst. Sie können sich überall Anregungen holen, wo getanzt wird.

Zu einem Auftritt gehört natürlich auch ein passendes Outfit. Schön ist natürlich ein passendes Kostüm zu Ihrer Musik. Auch hier sind Ihrem Einfallsreichtum wieder keine Grenzen gesetzt. Ein paar Regeln sollten Sie bei der Auswahl der Kleidung für den Tanz doch beachten:

● Sie sollte bequem und praktisch sein.

● Sie darf weder Sie noch den Hund im Tanzen behindern. Weite lange Röcke sind z. B. eher ungeeignet, weil der Hund Ihre Beine nicht sieht und weil ihm unter Umständen der Rock ins Gesicht flattern könnte, was er bestimmt nicht angenehm findet.

● Wenn Sie mal mehrere Tänze vorführen wollen, bedenken Sie, dass Sie sich gut umziehen können, auch da, wo es vielleicht keine Umkleidemöglichkeiten gibt. Unter Umständen wäre es dann praktisch, nur ein Westchen und die Schuhe umzuziehen.

Was trägt der Hund dazu?
Den Hund lassen wir so natürlich wie möglich. Das Ganze soll schließlich nicht in Kitsch ausarten. Aber trotzdem kann der Hund ein zu Ihrem Kostüm passendes Halsband tragen.

Üben Sie den Tanz auch einige Male mit Kostüm. Es kann für Ihren Hund nämlich unter Umständen etwas vollkommen Neues und damit Verwirrendes sein, wenn er z. B. mit einem Cowboy tanzen soll.

Mit dem Hund im Rampenlicht

Jetzt wird es langsam ernst. Der Tanz steht, das Kostüm ist ausgesucht, jetzt ist es an der Zeit, auch mal einem Publikum Ihr mit dem Hund einstudiertes Kunstwerk vorzuführen. Um sich darauf bestmöglich vorzubereiten, ist es wichtig, dass Sie mit dem Hund unter ständig steigender Ablenkung üben. Denn Sie müssen sich im Klaren sein, dass Sie je nach Publikum allem begegnen: angefangen von schreienden laufenden Kindern bis zu anderen Hunden oder sogar einer läufigen Hündin, was natürlich nur von Bedeutung ist, wenn Sie einen Rüden haben.

Das Nächste sind die wechselnden Bühnen: Mal ist es vielleicht Ihr Wohnzimmer (wenn es groß genug

ist), mal eine Wiese, mal eine Halle usw. Auch das müssen Sie mit dem Hund erst üben. Wenn Sie nämlich z. B. immer in der Garage geübt haben, heißt das noch lange nicht, dass der Hund auf der Wiese die entsprechenden Kunststücke genauso kann. Der Hund muss erst einmal verallgemeinern. Und dazu muss er an mehr oder weniger unterschiedlichen Orten trainiert werden. Das ist unterschiedlich. Es gibt Hunde, die verallgemeinern recht schnell, da reichen vielleicht fünf unterschiedliche Übungsplätze. Es gibt aber auch Hunde, mit denen man an deutlich mehr Stellen üben muss, ehe sie verstanden haben, dass die von Ihnen gegebenen Kommandos überall dasselbe bedeuten, nicht nur zu Hause, wo Sie am meisten üben.

Eine große Hilfe ist die Musik. Wenn der Hund an einem Ort den Tanz gut kann und er hört an einem anderen Ort dieselbe Musik, weiß er meist schon, was von ihm erwartet wird.

So können Sie Ihrem Hund noch weiter helfen, indem Sie zum Beispiel immer, wenn Sie tanzen, eine Kopfbedeckung tragen. Sie können auch immer auf dem selben Untergrund tanzen, indem Sie sich einen Teppich als Tanzfläche besorgen, den Sie dann auch überallhin mitnehmen können, vorausgesetzt, er ist nicht zu groß und

Ein wenig Lampenfieber gehört zu jedem Auftritt.

Sie haben die entsprechenden Transportmöglichkeiten. Ein Nachteil ist, dass Sie damit in der Größe der Tanzfläche immer an den Teppich gebunden sind. Ein großer Vorteil ist aber auch, dass Sie vom Untergrund relativ unabhängig sind. Auf manchen glatten Böden haben die Hunde nämlich so ihre Schwierigkeiten, weil sie zu sehr rutschen. Teer ist unter Umständen zu rau und daher nicht so geeignet, vor allem, wenn Sie entsprechend viele Sprünge in Ihren Tanz eingebaut haben.

Diese Probleme umgehen Sie mit der Benutzung eines Teppichs. Und wie oben schon erklärt: Für den Hund ist das in seiner Anfangsphase eine gute Hilfe. Mit fortschreitender Ausbildung werden Sie davon bestimmt wegkommen wollen, um eben einfach flexibler zu sein.

Wenn dann alles passt, der Tanz fertig einstudiert und das Kostüm gefunden ist, wird es Zeit, sich dem ersten Publikum zu stellen. Für den Anfang eignen sich Aufführungen in Altersheimen oder bei Veranstaltungen, bei denen das Publikum ziemlich einheitlich ist, also keine großen Überraschungen auf Sie und Ihren Hund zukommen können. Außerdem freuen sich diese Leute über Abwechslung. Selbst wenn es das erste Mal nicht so gut klappt, wird das unter Umständen nicht einmal jemand merken, wenn Sie geschickt sind im Überspielen. Die Leute wissen ja gar nicht, was sie erwartet.

Das hat den großen Vorteil, dass Sie auch ganz gelassen in die Vorstellung gehen können. Wichtig ist nämlich, dass Sie von Ihrem Hund nicht so viel erwarten. Damit würden Sie ihn nur unter Druck setzen, was er jedoch gar nicht verstehen würde.

Am besten gehen Sie zu den Auftritten mit der Einstellung: Was auch kommt, wir haben Spaß! Denken Sie immer daran, dass Hunde keine Maschinen sind. Dann wird Ihnen der

Applaus auf jeden Fall sicher sein. Nutzen Sie also jede Gelegenheit, Erfahrungen zu sammeln. Wenn Sie sich einigermaßen sicher fühlen, weil Sie vielleicht auch einige Situationen gut überspielt haben, die eigentlich nicht so liefen, wie geplant, dann können Sie sich auch Publikum stellen, dass vielleicht etwas kritischer ist, weil viele Hundesportler anderer Sparten darunter sind. Aber das wird Sie dann kaum noch groß nervös machen.

Und ein bisschen Lampenfieber gehört immer dazu. Das wird sich wohl auch nach vielen Auftritten nicht legen und das macht wohl auch mit den Reiz an dieser Sportart aus.

ZUM SCHLUSS: DER WEG IST DAS ZIEL!

Aus was für Gründen auch immer Sie sich für das Tanzen mit dem Hund entschieden haben, denken Sie immer daran: Der Weg ist das Ziel! Selbst wenn Sie nie die Absicht haben, mit dem Hund einmal im Rampenlicht zu stehen, so werden Sie doch feststellen, dass diese Art der Beschäftigung mit dem Hund viele erfreuliche Nebenwirkungen hat. Die Hunde sind einfach ausgeglichener. Sie verstehen viel schneller, was man ihnen beibringen will. Die Verständigung klappt einfach viel besser. Denn Sie beide haben eine Menge gelernt. Letztendlich ist das auch etwas, was vielleicht das Image der Hunde in der Öffentlichkeit wieder aufbessern hilft.

Und vor allem: Das Tanzen mit dem Hund macht Spaß! Das gilt auch ganz besonders für den Hund. So ist das eine weitere Sportart, an der auch die Hunde ihre Freude haben. Dass das der Fall ist, zeigen so Geschichten wie die von dem Border Collie Silas. Seinen allerersten Auftritt hatte er an Kar-

Ein solcher Sprung kommt immer gut an.

neval in der Gemeindehalle. Als einige Tage später nach der Kappensitzung dort in der Halle wieder was los war, lief er beim Spaziergang auf direktem Wege dort hin. So gut hatte ihm das Üben und schließlich die Vorführung in der Halle gefallen! Es ist also eine Sportart, die auch dem Hund gefällt, im Gegensatz zu vielen anderen, in denen der Hund nur benutzt wird.

Etwas anderes, was diese Sportart unserer Meinung nach so geeignet macht, ist, dass es eigentlich keine Fehler gibt. Es ist alles erlaubt, was nicht Ihre oder die Gesundheit Ihres Hundes beeinträchtigt. Wenn also Ihr Hund nicht so genau bei Fuß geht, sondern lieber immer einen Meter vor, bauen Sie eben das in den Tanz ein und es ist in Ordnung. Hauptsache ist, dass es Ihnen gefällt und Sie Spaß daran haben.

So sind dann auch der Fantasie absolut keine Grenzen gesetzt. Alles, was Sie sich vorstellen können und wo Sie einen Weg finden, es dem Hund beizubringen, können Sie in Ihr Repertoire aufnehmen. So hört die Weiterbildung eigentlich nie auf. Und solange es Ihnen und Ihrem Hund gefällt, können Sie immer wieder neue, schöne Sachen lernen.

Wir hoffen, dass sich dieser schöne Sport mehr und mehr verbreitet und wir wünschen Ihnen und Ihrem Hund viel Freude und Erfolg beim Üben!

Vielleicht gibt es das Tanzen mit dem Hund auch bei uns in absehbarer Zeit als Turnierdisziplin, wie das in anderen Ländern schon der Fall ist. Bis dahin haben Sie aber bestimmt noch genügend Zeit zu trainieren. Wann also fragen Sie Ihren Hund: »Darf ich bitten....?«

Dankeschön

Zum Schluss ist es uns noch wichtig, uns bei allen zu bedanken, die zur Entstehung dieses Buches beigetragen haben:

- unsere Models Petra, Jutta, Lisa, Mandy, Katja, Michelle, Doris, Ute, Dorothea, Beate, Sonja, Heike, Paula, Annika, Rebecca, Frau Buchen und Chiara. Sie alle haben - teils in glühender Hitze - geduldig wieder und wieder bestimmte Übungen wiederholt, bis wir sie endlich »im Kasten hatten«.

- Silke, die unglücklicherweise die Zeichnungen sogar zweimal erstellen musste, weil eine Version beim Versenden verloren ging,

- Rolf, der uns die Musikstücke zurechtschnitt,

- Herr Ebner, in dessen Casino wir fotografieren durften und so ein perfektes Ambiente hatten,

- der Kynos-Verlag, der unsere Ideen in sein Programm aufgenommen hat und in kurzer Zeit schön umsetzte,

- unsere Familien, die öfter mal auf uns verzichten und als Kinder- und Hundesitter einspringen mussten

- und natürlich unsere Hunde, die viele Übungen für sie bestimmt unverständlicherweise wieder und wieder zeigen sollten, um doch noch ein gutes Foto hinzubekommen, die teilweise noch schnell bestimmte Sachen lernen mussten, damit wir auch das im Bild zeigen konnten: Lotte, Timmy, Darja, Navajo, Attila, Patton, Hanna, Vita, Feldmann, Emil, Girlie, Darcy, Miri, Amira, Sally, Bäri, Strolch, und natürlich Fratz und Silas.

Euch allen vielen, vielen Dank
Viviane Theby und Michaela Hares

(Wittlich, September 2001)

Tierakademie Scheuerhof
54516 Wittlich
Tel. 0 65 71/1 49 91 14
www.tierakademie.de

**Patrick Holden
und John Gilbert**

AGILITY –
SCHRITT
FÜR
SCHRITT

*Agility ist nicht nur etwas für Border Collies und
sportliche Menschen! Jedes Mensch-Hund-Team
kann in diesem Sport Spaß und Erfolg haben.
Hier erfahren Sie anschaulich, wie Sie die Bewältigung
neuer Hindernisse Schritt für Schritt und in einzelne
Lernschritte aufgeteilt spielerisch angehen können.
Nicht der Wettbewerbsgedanke steht hier im Vordergrund,
sondern die harmonische Zusammenarbeit zwischen
Mensch und Hund.*

*So lernen Ihr Hund und Sie ganz entspannt und
ohne Stress, alle Hürden zu nehmen!*

104 Seiten, 60 Farbfotos, fester Einband.
ISBN 3-933228-41-7 / EUR 15,-
Erscheint 02/2002

Susanne Preuß

DER ZUGHUND – EINST UND JETZT

Haben Sie einen großen Hund?
Haben Sie schon je daran gedacht, ihn einmal
vor einen Wagen zu spannen?

Dass dieser Gedanke keineswegs abwegig ist,
zeigen neben den historischen Darstellungen
eindrucksvoll auch die zahlreichen positiven
Erfahrungen moderner „Zughundeführer".
Die Autorin beschreibt aus langjähriger Praxiserfahrung,
welche Wagen und Geschirre geeignet sind,
wie man einen Zughund ausbildet und wie man die
Leistungsgrenzen seines Hundes erkennt,
damit nicht nur der Mensch Spaß hat.

120 Seiten, ca. 60 Farbfotos, fester Einband
ISBN 3-933228-42-5 / EUR 15,-
Erscheint ca. 04/2002

Gisela Rau

DER REIT-BEGLEIT-HUND

*Die Beziehung zwischen Hund und Pferd besteht aus viel mehr als „Jäger" und „Gejagtem".
Wie Sie als Chef Ihres kleinen Dreierteams es schaffen, harmonische Ausritte zu verleben und Ihren Hund dabei mitnehmen zu können, zeigt dieser Band.*

Welche Hunde geeignet sind, welche Grundschule Ihr Hund absolviert haben sollte und was Sie beachten müssen, um Pferd und Hund aneinander zu gewöhnen, wird anschaulich vermittelt.

Mit einem Anhang über das Reit- und Waldrecht in den einzelnen Bundesländern.

120 Seiten, ca. 60 Farbfotos, fester Einband
ISBN 3-933228-43-3 / EUR 15,-
Erscheint ca. 06/2002